MINERVA
はじめて学ぶ
保育

名須川知子／大方美香
[監修]

乳児保育

馬場耕一郎
[編著]

ミネルヴァ書房

監修者のことば

　本シリーズは、保育者を志す人たちが保育を学ぶときにはじめて手に取ることを想定したテキストになります。保育や幼児教育、その関連領域に関わる新進気鋭の研究者や実践者の参画を得て、このテキストはつくられました。

　2015年に「子ども・子育て支援新制度」がスタートし、2018年には新しい「保育所保育指針」「幼稚園教育要領」「幼保連携型認定こども園教育・保育要領」が施行されました。新「保育所保育指針」においては0～2歳児の保育の充実や、保育所における幼児教育の重要性が提示され、新「幼稚園教育要領」では、3歳児からの教育の充実、新「幼保連携型認定こども園教育・保育要領」では、0歳児からの3つの視点と、3歳児からの5つの領域の連続性が示されています。また、新指針・要領共通で、小学校からの学びの基盤としての「幼児期の終わりまでに育ってほしい姿」が10項目の形で提示されました。

　つまり、これから保育者を目指す人たちは、今後は保育所・幼稚園・認定こども園が共通の枠組みで、高い専門性をもって、子どもの健やかな育ちや豊かな学びを支えていく時代となる、ということを理解しておかなくてはなりません。

　また、新指針・要領においては、保育における全体的な計画の作成や評価のあり方、また、小学校への接続についても充実を図る必要性が示されました。保育者は、乳幼児の自発的な遊びのなかでの学びをとらえ、一人ひとりの子どもの成長発達に合わせて、小学校へつなぎ支えていく役割であることが、ますます求められています。

　保育をめぐる現在の動向は日々変化しており、まさに激動の時期といえます。最新の動向を常に学ぼうという姿勢が、これからの保育者にはますます必要となるでしょう。そこで本シリーズでは、保育者が知っておくべき最新の動向については豊富に、これから学ぼうとする人にもわかりやすく解説しています。一方で、昔から変わらず重要とされている基礎的な事項についても押さえられるように配慮してあります。また、テキストを読んだあとで、さらに学習を進めたい人のための参考図書も掲載しています。

　みなさんが卒業し、実際に保育者になってからも、迷いがあったときや学びの振り返りとして、このテキストを手元において読まれることを期待しています。

2019年4月

名須川知子
大方　美香

はじめに

　保育者は日々、子どもの最善の利益を考慮し、その福祉を積極的に増進することに最もふさわしい生活の場を提供しなければなりません。すべての子どもに質の高い教育・保育を提供することを目的に、2015（平成27）年4月より子ども・子育て支援新制度が施行されました。その後、2017（平成29）年3月31日に新しい「保育所保育指針」が厚生労働大臣告示され、1年間の周知期間をおいて2018（平成30）年4月1日より施行されました。今回の改定では、乳児（0歳児）・1歳以上3歳未満児に関する保育の記載の充実が図られました。このことは画期的であり、保育所の質の向上につながるものです。

　乳児期は、感覚や運動機能など身体をとおして主体的に環境と関わりを広げていく時期です。また、身近な大人との愛着関係を形成し、これを心のよりどころとして、人への基本的信頼感を培っていくため、保育者が受容的、応答的に関わることが、発達を支えるうえできわめて重要です。また、安全が保障され、安心して過ごせるように配慮された環境のもと、生活や遊びの充実が図られていることが必要です。

　また、乳児期においては子どもの多様な感情を受け止め、温かく受容的・応答的に関わることが大切です。そのためには、子どもが安心感と信頼感をもって活動できるよう、子どもの主体としての思いや願いを受け止めることができる資質が保育者に求められています。

　保育所は、子どもが生涯にわたる人間形成にとってきわめて重要な時期に、その生活時間の大半を過ごす場です。保育者は、子どもが現在を最もよく生き、望ましい未来をつくり出す力の基礎を培うためにさまざまな対応を行わなければなりません。

　本書をとおして、子どもの人権に十分配慮するとともに、子ども一人ひとりの人格を尊重し、子どもの発達について理解し、一人ひとりの発達過程に応じた保育を展開される資質が培われることを願っています。

2019年4月

馬場　耕一郎

目次

はじめに

第1章　乳児保育の意義

レッスン1　乳児保育の役割 ··· 2
　①乳児保育とは何か…2　②「保育所保育指針」改定の要点…4　③「保育所保育指針」からみる乳児保育の役割…8

レッスン2　乳児保育の現状 ··· 12
　①保育者の役割の重要性…12　②クラス運営の現状…17　③泣き笑いを踏まえた実際の子どもの姿…21

第2章　3歳未満児の発達と保育

レッスン3　ヒトの発達と保育の営み（0歳児） ············· 26
　①0～3か月児の発達…26　②3～4か月児の発達と保育の営み…27　③5～6か月児の発達と保育の営み…29　④7～9か月児の発達と保育の営み…31　⑤10～12か月児の発達と保育の営み…34

レッスン4　ヒトの発達と保育の営み（1～2歳児） ········ 39
　①1歳児の発達と保育の営み…39　②2歳児の発達と保育の営み…45

レッスン5　乳児や家庭を取り巻く環境と子育て支援 ······ 52
　①乳児や家庭を取り巻く環境…52　②保護者への子育て支援…56　③地域子ども・子育て支援事業…61　④保護者の視点から保護者同士の交流を考える…63

レッスン6　さまざまな施設と乳児の保育 ···················· 68
　①保育所での保育…68　②認定こども園での保育…72　③乳児院での養育…75　④地域型保育事業…78

第3章　乳児の保育内容

レッスン7　乳児の保育形態 ··· 86
　①乳児にふさわしい保育形態…86　②乳児の保育形態における配慮…90

レッスン8　乳児の環境構成 ··· 95
　①室内環境をとおして期待できる育ち…95　②基本的生活習慣の習得と保育者の関わり…99　③ならし保育について…102　④乳児のクラス運営について…104　⑤安全面に配慮した室内環境…106

レッスン9　乳児の遊びと保育者の関わり ···················· 110
　①乳児の遊び…110　②遊びをとおした保育者との関わり…116　③外遊びや散歩の場面での関わり…117　④乳児期の玩具の選び方…119　⑤乳児のための手づくり玩具…120　⑥スキンシップをはかる絵本の役割…122

レッスン10　乳児の生活と保育者の関わり ···················· 124
　①乳児保育における養護の考え方…124　②乳児の食事…129　③排泄と着脱…132　④睡眠…135　⑤乳児の健康…136

レッスン11　3歳以上児の保育とのつながり ·················· 140
　①3歳未満児の保育の特性…140　②3歳以上児の保育とのつながり…149　③3歳以上児の保育への移行の時期の保育…154　④乳児の行事…156

第4章　乳児保育の実際

- レッスン12　指導計画と記録 ･････････････････････････････････160
  - ①乳児の指導計画…160　②指導計画の作成…163　③乳児の保育記録…165
- レッスン13　職員間の連携と園内研修 ･･････････････････････････168
  - ①職員間の連携と組織的取り組み…168　②園内研修の意義…172　③園内研修の実際…175
- レッスン14　保護者とのパートナーシップ ･･････････････････････179
  - ①保護者・家庭とのパートナーシップによる保育…179　②パートナーシップの基盤は保護者と保育者の信頼関係…182　③保護者とのパートナーシップを高める…186
- レッスン15　関係機関との連携 ･･･････････････････････････････193
  - ①なぜ関係機関との連携が必要なのか…193　②さまざまな機関、職種との連携…194　③子育て支援における「連携」とは…198

さくいん…202

●この科目の学習目標●

「指定保育士養成施設の指定及び運営の基準について」（平成15年12月9日付け雇児発第1209001号、最新改正子発0427第3号）において4つの目標が明示されている。①乳児保育の意義・目的と歴史的変遷及び役割等について理解する。②保育所、乳児院等多様な保育の場における乳児保育の現状と課題について理解する。③3歳未満児の発育・発達を踏まえた保育の内容と運営体制について理解する。④乳児保育における職員間の連携・協働及び保護者や地域の関係機関との連携について理解する。本書も、これらの目標を達成するように、内容を考えている。

第 1 章

乳児保育の意義

本章では、乳児保育の意義について学んでいきます。乳児保育はなぜ必要なのでしょうか。乳児を取り巻く状況は大きな変化のなかにあります。質の高い乳児保育の需要が高まっている背景について、理解しましょう。

レッスン1　乳児保育の役割

レッスン2　乳児保育の現状

レッスン1

乳児保育の役割

乳児保育の需要や重要性は年々高まっていますが、その背景には保護者を取り巻く社会状況の変化があり、それを踏まえた「子ども・子育て支援新制度」の施行や「保育所保育指針」等の改定などがありました。これらを理解しながら、これからの乳児保育に求められる役割を理解していきましょう。

1. 乳児保育とは何か

1 乳児保育の成り立ちと需要の高まり

　乳児保育はいつから始まったのでしょうか。保育施設の始まりは1883（明治16）年、渡辺嘉重が開設した子守学校だといわれています。戦前にはすでに企業託児所などで乳児保育が行われていましたが、1947（昭和22）年の「児童福祉法」の制定によって、保育所は、児童福祉施設の一つとして、はじめて法的に位置づけられることになりました。また、その翌年には、保育所保母（現：保育士）が幼稚園教諭とは別に制度化されました。

　1951（昭和26）年には「児童福祉法」の一部改正により、保育所は、「日日保護者の委託を受けて、<u>保育に欠ける</u>その<u>乳児</u>又は幼児を保育することを目的とする施設とする」（「児童福祉法」第39条）と定義されました（下線は筆者）。つまり、保育所ではその制定直後から「乳児」を保育の対象としていたということがわかります。しかし、実際には受け入れ条件などさまざまな理由から、乳児の入所率は非常に低いものでした。

　近年、保護者を取り巻く社会状況の変化により、乳児保育の需要は高まってきています。図表1-1は就学前児童の保育状況ですが、2006（平成18）年と2016（平成28）年を比較すると、保育所に入所する0〜2歳児の割合が増加していることがわかります。子どもの数は年々減っているにもかかわらず、なぜ、0〜2歳児を中心に保育所利用児童数が増加しているのでしょうか。次項では、この理由や背景についてみていきます。

2 大人社会の変化と「子ども・子育て支援新制度」

　乳児保育の需要が高まっている理由の一つに、大人社会の変化があり

◆ 補足

「乳児保育」の定義
「乳児」とは、「児童福祉法」の定義では満1歳に満たない者とされているが、保育所や認定こども園においては、3歳未満児に対する保育を「乳児保育」としてとらえるのが一般的である。よって、本書における「乳児保育」とは、保育所等で行われる3歳未満児に対する保育と定義する。

保育に欠ける
後述のとおり、2015年の「児童福祉法」改正により、「保育に欠ける」は「保育を必要とする」に改められた。

レッスン1　乳児保育の役割

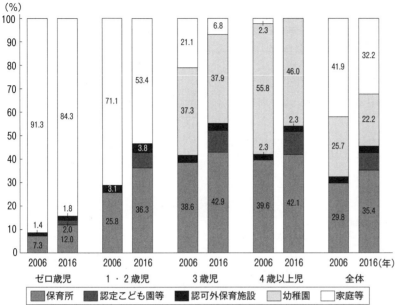

図表1-1　就学前児童の保育状況

出典：全国保育団体連絡会保育研究所編『保育白書（2017）』ちいさいなかま社、2017年をもとに作成

注1）保育所入所児童数は「福祉行政報告例（厚生労働省［2016年4月1日現在］）」（概数）による。
2）認定こども園等の在園児数は全年齢において、幼保連携型認定こども園のほかに、地方裁量型の在園児数を含む。3歳未満児については、さらに、幼稚園型認定こども園、地域型保育事業の入所児童数も含む。認定こども園および地域型保育事業の在園児数は内閣府「認定こども園に関する状況について（2016年4月1日現在）」と厚生労働省「保育所等関連状況取りまとめ（2016年4月1日現在）」の数値から算出。
3）認可外保育施設利用者数は「認可外保育施設の現況」（2016年3月31日現在）」による。
4）幼稚園在園児童数は「学校基本調査（文部科学省［2016年5月1日現在］）」による。
5）就学前児童数（0～5歳児人口）は人口推計（総務省統計局［各年10月1日現在］）をもとに、以下のような修正を加え4月1日現在の人口を推計した。A歳児人口＝10月1日現在のA歳児人口×12分の6＋10月1日現在の（A＋1）歳児人口×12分の6
6）合計は100.0％にならない場合がある。

ます。これを2つの側面からみていきましょう。一つは、社会情勢の変化です。男女共同参画の考え方が広がり、女性の社会進出が進みました。子どもを産んでからも就労を続けるためには、乳児保育が必要となります。

さらに、ひとり親家庭の増加もあげられます。1988（昭和63）年の母子世帯数が84万9,000人、父子世帯数が17万3,000世帯であったのに対し、2016年の母子世帯数は123万2,000世帯、父子世帯数は18万7,000世帯となり、28年間で母子世帯は約1.5倍、父子世帯は約1.1倍に増加しています[†1]。ひとり親家庭の就業率は、母子家庭で81.8％、父子家庭で85.4％と非常に高いため、就業しながら子育てをするためには、乳児保育が必要となります[†2]。

もう一つは、子育て環境の変化です。子育て環境の変化に関しては、地域や家庭の子育て力の低下があげられます。**核家族***の増加や都市化による人間関係の希薄化、また、きょうだい数の減少により、子どもが生まれるまで小さい子どもと接する機会がほとんどなかった保護者も珍しくはありません。

また近年、児童虐待は社会問題の一つとなり、その件数も増加し続けています。2016年度の児童虐待相談対応件数は、12万2,575件となり、過去最高を記録しました[†3]。

以上のような状況を踏まえ、「量」と「質」の両面から子どもの育ち

▶出典
†1　厚生労働省「全国ひとり親世帯等調査結果の概要」各年版

†2　厚生労働省「平成28年度　全国ひとり親世帯等調査結果の概要」2017年

✚用語解説
核家族
夫婦とその子どもだけで構成される家族。

▶出典
†3　厚生労働省「平成28年福祉行政報告例」2017年

図表1-2 子育て家庭に対する支援をめぐる社会的状況

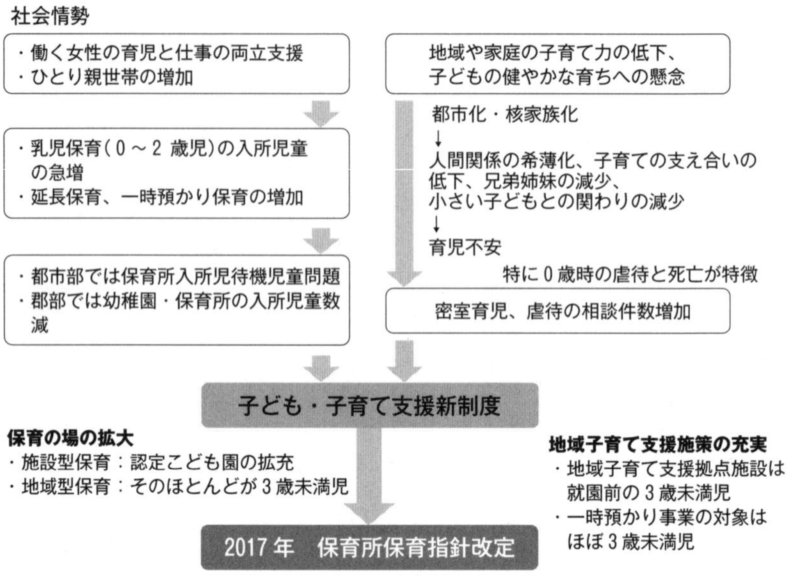

社会情勢

- ・働く女性の育児と仕事の両立支援
- ・ひとり親世帯の増加

↓

- ・乳児保育（0〜2歳児）の入所児童の急増
- ・延長保育、一時預かり保育の増加

↓

- ・都市部では保育所入所児待機児童問題
- ・郡部では幼稚園・保育所の入所児童数減

- 地域や家庭の子育て力の低下、子どもの健やかな育ちへの懸念

↓ 都市化・核家族化
↓ 人間関係の希薄化、子育ての支え合いの低下、兄弟姉妹の減少、小さい子どもとの関わりの減少
↓ 育児不安

特に0歳時の虐待と死亡が特徴

- 密室育児、虐待の相談件数増加

↓

子ども・子育て支援新制度

保育の場の拡大
- ・施設型保育：認定こども園の拡充
- ・地域型保育：そのほとんどが3歳未満児

地域子育て支援施策の充実
- ・地域子育て支援拠点施設は就園前の3歳未満児
- ・一時預かり事業の対象はほぼ3歳未満児

↓

2017年　保育所保育指針改定

と子育てを社会全体で支える「**子ども・子育て支援新制度**」が、2015（平成27）年に施行されました。この制度のなかで乳児保育に関わるものとしては、認定こども園や**地域子ども・子育て支援事業**により、乳児保育が行われる場所が、保育所以外に拡大したことがあげられます。

さらに、2017（平成29）年には「保育所保育指針」が改定され、乳児保育の記載の充実がはかられました。

以上をまとめると、図表1-2のとおりです。

2．「保育所保育指針」改定の要点

2017年、「保育所保育指針」は「幼稚園教育要領」「幼保連携型認定こども園教育・保育要領」と同時に改定（訂）されました。「保育所保育指針」の乳児保育に関する記述について学ぶ前に、まずは「保育所保育指針」の改定の要点について理解していきましょう。

1　保育所の定義の改正

大きな変更点の一つが、2015（平成27）年の「児童福祉法」の改正により、保育所において保育を行う子どもが、「保育に欠ける子ども」から「保育を必要とする子ども」になったことです[4]。

参照
子ども・子育て支援新制度
→レッスン5

地域子ども・子育て支援事業
→レッスン5

出典
[4]「保育所保育指針」第1章1（1）「保育所の役割」ア

> 保育所は、児童福祉法（昭和22年法律第164号）第39条の規定に基づき、保育を必要とする子どもの保育を行い、その健全な心身の発達を図ることを目的とする児童福祉施設であり、入所する子どもの最善の利益を考慮し、その福祉を積極的に増進することに最もふさわしい生活の場でなければならない。

この「保育を必要とする子ども」への定義の変更は、保育所が、すべての子どもの福祉・教育を目指す方向に一歩踏み出したことを意味しています。それと同時に、保育所が「児童福祉施設*」であることは従来と変わりません。これは、保育所に福祉的な側面があることに変わりはないということを示しています。

2 保育を考える土台としての養護と教育

新しい「保育所保育指針」では、保育の「ねらい」と「内容」について、以下のように記されています[†5]（下線は筆者）。

> 「ねらい」は、第1章の1の（2）に示された保育の目標をより具体化したものであり、子どもが保育所において、安定した生活を送り、充実した活動ができるように、保育を通じて育みたい資質・能力を、子どもの生活する姿から捉えたものである。また、「内容」は、「ねらい」を達成するために、子どもの生活やその状況に応じて保育士等が適切に行う事項と、保育士等が援助して子どもが環境に関わって経験する事項を示したものである。
> 　保育における「養護」とは、子どもの生命の保持及び情緒の安定を図るために保育士等が行う援助や関わりであり、「教育」とは、子どもが健やかに成長し、その活動がより豊かに展開されるための発達の援助である。本章では、保育士等が、「ねらい」及び「内容」を具体的に把握するため、主に教育に関わる側面からの視点を示しているが、実際の保育においては、<u>養護と教育が一体</u>となって展開されることに留意する必要がある。

保育が「養護と教育」が一体となった営みであるということは、従来の「保育所保育指針」と変わりはありません。ただし、現代の地域や家庭を取り巻く状況の変化により、養護・福祉の視点がさらに求められる

▶用語解説
児童福祉施設
「児童福祉法」第7条によって定められた次の12種類の施設を指す。①助産施設、②乳児院、③母子生活支援施設、④保育所、⑤幼保連携型認定こども園、⑥児童厚生施設、⑦児童養護施設、⑧障害児入所施設、⑨児童発達支援センター、⑩児童心理治療施設、⑪児童自立支援施設、⑫児童家庭支援センター。

▶出典
[†5]「保育所保育指針」第2章「保育の内容」

ようになりました。保育は、福祉・医療・地域や家庭の経済的な状況など、子どもが直面している課題全体に関与する総合的な役割を担うことを意識する必要があります。そして、保育所（保育者）は子どもを全体として理解し、ともに歩んでいくことを実現することが求められています。

3 保育の目標

新しい「保育所保育指針」では、保育の目標は以下のように示されています[†6]。

> （2）保育の目標
> ア　保育所は、子どもが生涯にわたる人間形成にとって極めて重要な時期に、その生活時間の大半を過ごす場である。このため、保育所の保育は、子どもが現在を最も良く生き、望ましい未来をつくり出す力の基礎を培うために、次の目標を目指して行わなければならない。
> （ア）十分に養護の行き届いた環境の下に、くつろいだ雰囲気の中で子どもの様々な欲求を満たし、生命の保持及び情緒の安定を図ること。
> （イ）健康、安全など生活に必要な基本的な習慣や態度を養い、心身の健康の基礎を培うこと。
> （ウ）人との関わりの中で、人に対する愛情と信頼感、そして人権を大切にする心を育てるとともに、自主、自立及び協調の態度を養い、道徳性の芽生えを培うこと。
> （エ）生命、自然及び社会の事象についての興味や関心を育て、それらに対する豊かな心情や思考力の芽生えを培うこと。
> （オ）生活の中で、言葉への興味や関心を育て、話したり、聞いたり、相手の話を理解しようとするなど、言葉の豊かさを養うこと。
> （カ）様々な体験を通して、豊かな感性や表現力を育み、創造性の芽生えを培うこと。
> イ　保育所は、入所する子どもの保護者に対し、その意向を受け止め、子どもと保護者の安定した関係に配慮し、保育所の特性や保育士等の専門性を生かして、その援助に当たらなければならない。

保育の目標については、改定前とほぼ記述内容は変わりません。養護

補足
保育者
本書においては、保育士、保育教諭を総称して保育者とする。なお、資格名として表記する場合には、保育士、保育教諭とする。

出典
[†6]「保育所保育指針」第1章1（2）「保育の目標」

に関わるものは(ア)、教育に関わるものは(イ)〜(カ)の5つの領域が提示されています。

4 育みたい資質・能力

新しい「保育所保育指針」においては、従来からある「保育の目標」以外に2つの方向を示しています。その一つは、「育みたい資質・能力」で、「指針」では以下のように示されています[†7]（太字は筆者）。

> （1）育みたい資質・能力
> ア　保育所においては、生涯にわたる生きる力の基礎を培うため、1の（2）に示す保育の目標を踏まえ、次に掲げる資質・能力を一体的に育むよう努めるものとする。
> （ア）豊かな体験を通じて、感じたり、気付いたり、分かったり、できるようになったりする**「知識及び技能の基礎」**
> （イ）気付いたことや、できるようになったことなどを使い、考えたり、試したり、工夫したり、表現したりする**「思考力、判断力、表現力等の基礎」**
> （ウ）心情、意欲、態度が育つ中で、よりよい生活を営もうとする**「学びに向かう力、人間性等」**
> イ　アに示す資質・能力は、第2章に示すねらい及び内容に基づく保育活動全体によって育むものである。

まず、「保育の目標」のなかにある、「養護・教育（5領域）のねらいと内容」があり[†8]、そのうえで「育みたい資質・能力」があります。この3つの資質・能力は、従来の「保育所保育指針」に記されていた「心情・意欲・態度」に代わるものとして示されていて、子どもたちの活動の姿からとらえた、小学校以降の学びへ続く方向だといえます。

5 幼児期の終わりまでに育ってほしい姿：小学校との接続・連携の目標

もう一つの方向が、「幼児期の終わりまでに育ってほしい姿」です。「保育所保育指針」においては、「次に示す『幼児期の終わりまでに育ってほしい姿』は、第2章に示すねらい及び内容に基づく保育活動全体を通して資質・能力が育まれている子どもの小学校就学時の具体的な姿であり、保育士等が指導を行う際に考慮するものである」として、以下の項目をあげています[†9]。

▶出典
[†7]「保育所保育指針」第1章4（1）「育みたい資質・能力」

▶出典
[†8]「保育所保育指針」第1章1（2）「保育の目標」ア（ア）〜（カ）

▶出典
[†9]「保育所保育指針」第1章4（2）「幼児期の終わりまでに育ってほしい姿」

> ①健康な心と体
> ②自立心
> ③協同性
> ④道徳性・規範意識の芽生え
> ⑤社会生活との関わり
> ⑥思考力の芽生え
> ⑦自然との関わり・生命尊重
> ⑧数量や図形、標識や文字などへの関心・感覚
> ⑨言葉による伝え合い
> ⑩豊かな感性と表現

→ **補足**
幼児期の終わりまでに育ってほしい姿
幼児期の終わりまでに育ってほしい姿は、10項目あることから「10の姿」ともよばれている。

この**幼児期の終わりまでに育ってほしい姿**は、小学校就学時の具体的な姿の目安ですが、そこに至るまでには乳児期からの保育所等でのさまざまな経験が必要なので、乳児保育を学ぶうえでも知っておく必要があります。また、幼児期の終わりまでに育ってほしい姿とは、卒園までの到達目標ではなく、あくまで成長の目安であることはいうまでもありません。

3.「保育所保育指針」からみる乳児保育の役割

次に、2017年改定の「保育所保育指針」における、乳児保育に関する記述をみていきましょう。先に述べたように、今回の「保育所保育指針」では、乳児保育に関する記述が充実しました。このことは、乳児保育がより重要視されるようになったことを意味しています。新しい「保育所保育指針」の乳児に関する内容を理解することで、これからの乳児保育に求められる役割を理解することができるといえるでしょう。

1 乳児保育の3つの視点

「保育所保育指針」において、3歳未満児の保育内容は、「乳児保育」と「1歳以上3歳未満児」に分けられています[10]（太字は筆者）。

→ **参照**
乳児保育の3つの視点
→レッスン11

▶ **出典**
[10]「保育所保育指針」第2章1（1）「基本的事項」イ

> 本項においては、この時期の発達の特徴を踏まえ、乳児保育の「ねらい」及び「内容」については、身体的発達に関する視点「**健やかに伸び伸びと育つ**」、社会的発達に関する視点「**身**

> 近な人と気持ちが通じ合う」及び精神的発達に関する視点「**身近なものと関わり感性が育つ**」としてまとめ、示している。

　この3つの視点（太字部分）が、「乳児保育」において5領域に続くものであり、身体・社会・精神の3つの視点で分けられています。また、3つの視点には、これまで養護が中心に考えられてきた0歳児の保育において、教育の重要性を示すという意図もあります。
　0歳児における保育は、個別的な対応が中心となり、そこでは特定の大人との応答的な対応が土台となります。また、家庭における特定の大人との関係と同質の養護を、保育の環境として整えることが重要です。つまり、保育者との情愛の交流を含め、適切な保育の環境のなかで家庭のよさを引き継ぐ必要があります。
　たとえば、食事についても、どの子どもも同じように進めるのではなく、「この子は、ご飯は少量に握ってまとめると食べるけれども、お茶碗からは食べない」などというように、子どもの行動への個別的な理解が必要となってきます。0歳児は一人で食事をすることはできないため、大人が子どもと一体となり食事を進めていきます。これは「**ケア**＊」であるともいえますが、それは保育者から子どもへの一方的な関係性を指し示すものではありません。ケアをとおして、子どもから保育者に対してもなんらかの働きかけがあります。こうして子どもと保育者との間に応答的な関係が生まれ、それが保育における土台となっていきます。日々のこうした積み重ねによって、子どもは保育者を認め、模倣していくことで成長していきます。

2　「保育所保育指針」における乳児期の発達理解
　新しい「保育所保育指針」では、乳児期の発達の特徴として、以下のように記されています[†11]。

> 　乳児期の発達については、視覚、聴覚などの感覚や、座る、はう、歩くなどの運動機能が著しく発達し、特定の大人との応答的な関わりを通じて、情緒的な絆（きずな）が形成されるといった特徴がある。これらの発達の特徴を踏まえて、乳児保育は、愛情豊かに、応答的に行われることが特に必要である。

　先にも述べたように子どもの育ちは、保護者や保育者といった特定の大人との応答的な関わりを通じた情緒的な絆がなければ成り立ちません。

※ 用語解説
ケア
面倒をみること。

▶ 出典
[†11]「保育所保育指針」第2章1（1）「基本的事項」ア

また、子どもの発達の状況は一人ひとり異なります。だからこそ、乳児保育に関わる保育者には、子ども一人ひとりの発達の状況や、家庭の実情に合わせた保育が必要となります。子どもの発達は、何歳になったから自然と何かができるようになるというものではないため、保育者は、今、何を育てる時期なのか、何が育っているのかということを理解しながら保育する必要があります。

以上のように「保育所保育指針」では、乳児期とは、感覚および運動機能が発達する時期であり、特定の大人との応答的関わりが乳児期の保育の特徴としてあげられていますが、さらに、乳児期の特徴として、子どもと特定の大人との間に「相互依存的・相補的関係」が生まれる時期であるということも知っておく必要があります。

相互依存的・相補的関係とは、たとえば、保育者が子どもにスプーンでご飯を食べさせる場合、「（保育者が）子どもに口をあけるよう促す→（保育者が）スプーンで口までもっていく→（子どもが）口に含む→（子どもが）飲み込む」という過程になります。つまり、ある部分を大人が担い、ある部分を子どもが担うのです。このような分担活動は、ほとんどは大人が行っている活動のようにみえますが、実際には子どもが一部を担うことで成り立つ「相補的関係」なのです。このような関係は、保育のさまざまな面でみられますが、乳児の保育において特に顕著なものであるといえます。

3 これからの乳児保育の役割

今回の「保育所保育指針」の改定において、乳児保育の重要性の認識が高まったことの理由の一つに、「社会情動的スキル（いわゆる**非認知能力***）」を乳幼児期に身につけることが、大人になってからの生活に大きな差を生じさせるといった研究成果が出たことがあります。乳児期は、周囲の人やもの、自然などさまざまな環境との関わりのなかで、「自己」という感覚や、自我を育てていく時期です。だからこそ、乳児期からの保育の積み重ねは、その後の成長や生活習慣の形成、社会性の獲得にも大きな影響を与えるものであり、子どもの主体性を育みながら保育を行うことが大切です。

また、特定の大人との信頼関係の構築により、**基本的信頼感***を形成することは、生涯を通じた自己肯定感や他者への信頼感、感情を調整する力、粘り強くやり抜く力などの非認知能力を育むことにもつながるものであり、保育者が子どものサインを適切に受け取り、子どもたちの自己選択を促しつつ、温かく応答的に関わっていくことが重要です。

＊用語解説
非認知能力
教育経済学者のジェームズ・ヘックマンが提唱。知能指数（IQ）など数値で表せないスキルのこと。やり抜く力、粘り強さ、没頭する力、感情をコントロールする力、人とコミュニケーションをとる力など、社会でうまく生きていくための内面の力を指す。

基本的信頼感
自分が他人から愛され、大切にされているという感覚のこと。

長時間労働などにより保護者が子育てに関わる時間が減少しています。また、核家族の増加など家族形態の変化により、家庭の子育てを支援してくれる人が減少しています。子どもと向き合える大人が減ってきているなかで、子どもはいつ対話することを学ぶのでしょうか。人との関係や折り合いのつけ方を、どのようにして学ぶのでしょうか。ものの操作や技能、社会とつながることを、誰が教えてくれるのでしょうか。このことからも、乳児保育が子育て家庭に対して、何を、どのように支援すればよいのかという課題がみえてきます。

　保育とは、養護と教育の一体化のなかで子どもの育ちを保障していくことにほかなりません。これから学んでいくように、保育所の特性を生かすことで、保護者が子どもの成長に気づき、子育ての喜びを感じられるように努めることが、乳児保育の役割だといえます。

演習課題

①乳児保育の成り立ちについて調べてみましょう。
②保護者はどのようなときに乳児保育を利用するのかについて調べてみましょう。
③乳児保育における「養護」とは、具体的にどのようなことなのかについて考えてみましょう。

レッスン**2**

乳児保育の現状

今日、乳児を取り巻く環境の変化を踏まえ、保育者にはさまざまな事柄への対応と質の高い保育が求められています。質の高い保育への取り組みは、それぞれの施設の環境によっても変わってきます。こうした保育の現状に対して、保育の実際と、乳児保育に求められているものを考えてみます。

1. 保育者の役割の重要性

「保育所保育指針」には、保育所は、「環境を通して、養護及び教育を一体的に行うことを特性」とし、子どもたちの「健全な心身の発達を図ることを目的とする」と記されています[†1]。それまでの育ちを受け止め、一人ひとりの乳児の健全な心身の発達を促す保育者などの役割については、いろいろなところで述べられていますが、「なぜそうする必要があるのか」を知ることは、その役割の重要性を知る手がかりになります。

1 一人ひとりの生活環境に目を向ける必要性

「保育所保育指針」では、保育所の役割として「家庭との緊密な連携の下に、子どもの状況や発達過程を踏まえ」た保育を行うことと記されています[†2]。家庭との連携とは、入園してからだけではなく、それまでの成育環境（たとえば、保護者の育児方針、育児能力なども含む）も重要になります。次の事例をみてみましょう。

> **インシデント① 成長が遅いAちゃん（2歳児）**
>
> 1歳児クラスに入所してきたAちゃん。4月生まれのAちゃんは、クラスで一番お姉ちゃんです。しかし、もうすぐ2歳になるのに歩行が安定せず、食事も、少しでも固くて形のあるものは吐きだしてしまいます。困った保育者は、保護者に協力を求めようと家庭訪問に行き、そこで保護者から次のような話を聞きました。
>
> 「Aちゃんは早産で生まれ、しばらくの間病院にいました。退院の許可がでて普通に生活しても大丈夫だと言われたものの、心配で、私たちが抱っこして移動することが多く、食事も軟らかいものしか食べさせていませんでした」。

▶出典
†1 「保育所保育指針」第1章1（1）「保育所の役割」ア、イ

▶出典
†2 「保育所保育指針」第1章1（1）「保育所の役割」イ

➕補足
インシデント
インシデントは、「問題」や「課題」が生じているとされる、一つの「場面」「状況」を切り取ったものを指す。似たような用語に後述の「エピソード」があるが、インシデントと異なるところは、そこに問題や課題を見出さないということである。

この話を聞いた保育者は、園に戻って、ほかの担任たちと今後の対応を話し合い、Ａちゃんの現在の状態を受け止め、Ａちゃんの発達をゆっくり見守ることにしました。

　Ａちゃんについては、入園前の調査書に、予定より早く生まれたという記載があり、面接時に保護者から伝えられていたにもかかわらず、特別な配慮を必要とする旨の記載がなかったため、Ａちゃんの成育環境にまで気を配ることができませんでした。
　子ども一人ひとりに適切な保育を行うためには、入園までの家庭環境も知っておく必要性があることが改めて感じられた事例です。

2　環境としての保育者の役割

　「保育所保育指針」では、「保育所における環境を通して」行う保育の重要性が記されています[3]。この環境というのは、物的な環境だけではなく人的な環境も含まれます。そして、そのなかに保育者の「身だしなみ」も含まれることを理解する必要があります。

　保育者の身だしなみの重要性については、さまざまなところで指導されていますが、その意味をきちんと理解しているでしょうか。なぜ必要なのかを理解していなければ、結局、言われるままに体裁を整えているだけで、身につかないのが現状です。

▶出典
[3]　[2]と同じ

インシデント②　保育者の身だしなみ

　保育者になる夢がかなってＢ園に採用されたＣ保育者は、２歳児クラスの担任となりました。子どもたちとの関係もよく、忙しい毎日を送っていました。ある日、出勤前の爪の点検を怠ってしまい、絵本の読み聞かせのときに、後ろに振った手が子どもの目に当たり傷がついてしまいました。
　Ｃ保育者は、保護者に事実を伝え、自分の配慮不足を謝罪しました。幸い子どもの傷は浅く、視力にも問題がなかったため、保護者の理解を得られました。Ｃ保育者は、爪を切ることの大切さを知るとともに、身だしなみを整えることの意味を考えました。

　インシデント②の子どものけがは、保育者の配慮があれば防ぐことができたものです。こうした事故を起こすことで、保育者自身が自信を失う可能性もあります。身だしなみを整えることは、子どもを守ることはもちろん、保育者自身を守ることにもつながるのです。

保育の現場では、ほかにも身だしなみが原因で起こる事故はいろいろあります。保育者の長い髪が子どもの食事に入ったり、背負った子どもの目に当たる、長いズボンの裾に保育者自身が引っかかって転ぶ、香水のにおいで食事本来のにおいがわからないなどさまざまです。ちょっとした油断が大きな事故を招くこともあります。保育者の身だしなみが、保育の環境を整えるために必要な要素であることを理解しましょう。

3 保育者が発達を知ることの重要性

①子どもの発達と遊びの環境

「保育所保育指針」に「子どもの発達過程を踏まえて」とあるように、保育計画を立てるときには、子どもの発達を知っておくことが、保育の課題を解決するための大きな力となります[†4]。

ある保育所で、子ども同士のトラブルが多くなった2歳児クラスを観察すると、大半の子どもが一人遊びを楽しみ、自分の遊びの空間に友だちが入ってくることでトラブルになっていることがわかりました。

2歳児になると、友だちとの関わりが多くなるようにみえますが、実際は、それぞれが同じ場所で同じような遊びを楽しんでいる平行遊びであることが多いのです。この2歳児クラスは、まさに平行遊びが多くみられる時期だったのでしょう。平行遊びの時期には、一人ひとりの遊び場の空間の保障や、おもちゃの数の見直しなど、そのときの遊びに応じた環境を整える必要があります。

このように、子どもの発達によって遊びの質が変わることを認識して、子どもたちの状況に合わせて環境を整えることが大切です。

②子どもの発達と言葉かけ

子どもの発達を知っておくことは、人的環境のなかで最も重要な保育者の言葉かけにも影響を与えます。「保育所保育指針」にも「子どもの主体的な活動を促すためには、保育士等が多様な関わりをもつことが重要である」とあります[†5]。次の事例をみてみましょう。

> **インシデント③　自分で靴を履きたいDちゃん**
>
> もうすぐ2歳児クラスに進級するDちゃん。最近、なんでも自分でやりたくてしかたがありません。今日も、園庭にでるために靴を履こうと一生懸命でしたが、ほかの子どもも気になる保育者が、つい「早くしてね」と履かせてしまいました。するとDちゃんは、泣きながら履いた靴を脱いで、もう一度履き始めました。
>
> 結局、Dちゃんが靴を履くまで、保育者は先に園庭にでて見守る

▶出典
†4 「保育所保育指針」第1章3（1）「全体的な計画の作成」ア

▶出典
†5 「保育所保育指針」第1章3（3）「指導計画の展開」ウ

ことにしました。靴を履き終わったDちゃんは、保育者のところまで歩いていき、自分で履いた靴を見せました。保育者に「自分で履いたの、えらいね」と褒められると、Dちゃんは、うれしそうに自分の遊びを始めました。

　2歳前後の発達について、自我の育ちの現れとして、強く自己主張する姿がみられます。つまり、Dちゃんの一生懸命靴を履く姿は、発達として現れる姿であり、主体的な環境への関わりとして尊重される行動です。ただ、この事例のように、こうした子どもの行動は、ときとして大人の都合で受け入れてあげたくても受け入れられないことがあります。しかし、「早くして」と大人の事情だけを伝えては、子どもは自分の行動を否定されたように感じてしまいます。

　自分で靴を履こうとした子どもには、「自分で履きたいの？　先生は先に行くよ、どうする？」と声をかけ、「履いたら来てね」と伝えて遠くから見守る、あるいは人員が確保できればほかの保育者に見守りをお願いするなど、子どもの行動を肯定的に受け止める保育環境の工夫と言葉かけが必要です。それにより"保育者は自分の思いを受け止めてくれる存在である"ことが子どもに伝わり、そこに信頼感が生まれます。

　Dちゃんは、最終的に「自分で履いたの、えらいね」という保育者の言葉かけで、自分の思いを理解してくれる大人の存在と、自分で履いて満足する心地よさを感じることができました。

　お互いの活動が相反するときでも、子どもの発達を知っていれば、保育者がかける言葉も変わり、お互いが気持ちよく過ごすことができます。

　子どもは、どんな環境にも順応して生きていく強い力をもっています。その能力は、子どもの命を守る能力であると同時に、保育者にとっては、子どもを「どんな環境で育てたいか」が問われる能力でもあります。主体性をもった子どもになってほしいのであれば、保育者も、子どもの主体性を尊重する行動や言葉かけをする必要があります。子どもの発達を理解することは、子どもの主体性を尊重することにつながります。

　ただし、気をつけておかなければならないのは、発達には個人差があるということです。このことも理解しておく必要があります。

4　保育者が相手の思いを想像し考える

　「保育所保育指針」には、乳児期の発達について、「特定の大人との応答的な関わりを通じて、情緒的な絆が形成されるといった特徴」があり、「愛情豊かに、応答的に行われることが特に必要」とあります[†6]。保育

▶出典

†6　「保育所保育指針」第2章1（1）「基本的事項」ア

者は、子どもの発達に応じて適切に応対していかなくてはなりません。特に、自分の欲求や要求を言葉で伝えることができない乳児期における保育者の応対は重要です。保育者は、子どもが何を伝えたいのかを考え、その要求にこたえる必要があります。

インシデント④　子どもの援助

　最近つかまり立ちができるようになったEくん（8か月）。はいはいで移動してはつかまり立ちをして、「オウ、オウ」と機嫌のいい声をあげていました。しかし、突然Eくんが泣きだしました。いつもは、つかまり立ちに疲れると自分で座ることができるEくんですが、それができないようです。

　保育者はそばに行き、緊急性がないことや、Eくんが座れないことを訴えているのを確認しました。そして、Eくんに「座りたいのね」と声をかけて背中を支え、座ることを援助しました。上手に座ることができたEくんは、また機嫌よく遊びだしました。

　インシデント④のように、座れないことを泣いて訴えたのなら、保育者は、背中を支えるなどして子どもが自分で座ることができる環境を整える必要があります。また、保育者がそばに行く前に、自分で座れる解決方法を見つけた場合は、「自分で座れたね」と、それを認める言葉かけも必要です。そのほかに、緊急性のある場合を想定して行動することも大切です。保育者には、子どもの思いをいろいろ想像して行動することが求められます。

　相手の思いを想像して考えることは、子どもに対してだけではありません。保護者に対しても同様です。ある保護者から子どもがつかまり立ちして泣いたらどう対応すればいいのかという質問を受け、保育者は「座らせてあげればいい」と伝えました。しかしよく聞くと、その保護者は、子どもの「自主性を育てる」ために自分で座るのを待つのがよいのか、大人が座らせてもよいのかを悩んで質問したのでした。であれば、具体的にどう関わればよいのかだけではなく、「自主性の育ち」とはどういうものかも伝える必要があります。保育者は、乳児を取り巻く環境を考えるとき、保護者の状況も想像したうえで理解して対応することも、今後ますます求められます。

2. クラス運営の現状

「保育所保育指針」では、「乳児」「1歳以上3歳未満」「3歳以上」に分けて、「保育に関わるねらい及び内容」を記載しています。このような区分はありますが、保育者が子どもの情緒の安定を図り、発達の援助をしながら、子どもとの継続的な信頼関係を築いていくことは保育の基本です†7。特に乳児保育では、特定の大人との応答的な関わりの重要性が指摘されています。

しかし、集団保育である以上、すべての面において1対1の関わりが保障されているわけではなく、保育者1人が何人もの子どもをみることになります。「児童福祉施設の設備及び運営に関する基準」（いわゆる最低基準）では、乳児はおおむね3人に1人以上、1歳以上3歳未満児はおおむね6人に対して1人以上の保育者がつくことが定められています。このような職員配置のもとで、発達の異なる乳児が在籍する集団において大切になるのが、クラス運営です。

1 一人ひとりの思いをクラスとして受け止めること

①担当制保育のクラス運営

クラスのなかで、子ども1人に対して世話をする保育者が決まっているのを担当制保育といいます。担当制保育は、愛着や信頼関係を築くためにはよい方法ですが、クラスとしての集団保育である以上、担任同士の連携は不可欠です。

インシデント⑤　泣きやまないFちゃん

新年度がスタートして2か月。0歳児クラスの子どもたちも園生活に慣れ、生活リズムも整ってきました。しかしこの日は、ご機嫌ななめなFちゃんが眠くてぐずり始め、担当のG保育者が寝かせようとしますが、泣いたままどうしても眠りません。みかねたH保育者がFちゃんを引きとりしばらく抱っこしていると、いつの間にか眠ってしまいました。G保育者は、寝かせることができなかったため落ち込みますが、午睡後のFちゃんは、いつものようにG保育者に世話をしてもらってご機嫌です。

すると、先輩保育者に「子どもは担当保育者には、甘えたりぐずぐず言ったりしてみたいときがあるものよ。そんなときは、関わっている保育者が替わることで子どもの気分を変えてあげるのも一つ

▶ 出典
†7 「保育所保育指針」第1章2（2）イ（イ）「内容」①〜④

☑ 法令チェック
「児童福祉施設の設備及び運営に関する基準」第33条第2項

の方法よ」と言われ、G保育者は、保育者同士が連携してクラスを運営していくということの意味が少しわかった気がしました。

　子どもが泣きやまないとき、あるいは担当保育者と子どもとの関係でうまく保育が進まないときは、お互いの気分を変えるためにほかの保育者と助け合うのも一つの方法です。このように、担当保育者が困ったとき、副担当が替わることができる体制づくりも、クラス運営をスムーズにするために必要です。

　子どもの思いを受け止める保育は、クラスだけに限ったことではありません。困ったときは、園全体で受け止めることも大切です。保育者・クラス・施設すべてが乳児を保育する環境であり、全員で見守る姿勢が温かい環境を生みだします。

②複数担任によるクラス運営

　入園時に、環境の変化による不安から、子どもが保育者について回る姿はよくみられますが、環境に慣れても、特定の保育者のあとを追う姿がみられることがあります。この後追い行動は、特別に不安になる要素がない限り家庭でもみられる行動で、発達の過程と受け止めることができます。

　しかし、1人の保育者で3人の子ども、あるいは1人で6人の子どもを担当する**複数担任**制の保育現場では、しばしば困った行動としてとらえられることがあります。後追いされる保育者は、ほかの保育者にも気を遣いながら、後追いする子ども以外の子どももみなくてはなりません。こういうときには、後追いの始まった子どもの状態をクラス全体で共有したうえで、子どもへの関わり方や保育者の連携を含めた保育のしかたを話し合うなど、担任同士の協力と見守る姿勢が必要です。

2　1年をとおしたクラス運営の重要性

①子どもの変化と成長

　まず、ある保育所の0歳児クラスにおいて保育記録に記入されていた、子どもが泣いた事例の内訳をみてみましょう（図表2-1）。

　4月は、子どもが泣く原因は、入園時の環境の変化によるものと生理的欲求の割合が多くなっています。これは、乳児自身が入園という環境の変化に対応していく過程であり、保育者にとっても乳児が環境に慣れることを第一の目標にしている結果といえます。

　9月になると、保育者への要求で泣く割合が多くなり、夏の疲れや運動会の影響からか体調によって泣く姿も多くみられます。途中入園があ

◆補足
複数担任
複数の保育者が連携してクラスの子どもを保育する形態。「チーム保育」ともいう。
→レッスン7、8

る場合は、新入園児の世話をする保育者を見て、自分も同じようにしてほしいと泣くこともあります。また、生理的欲求で泣く割合が減り、保育者の要求への拒否・抵抗といった社会的関わりのなかで泣く姿もみられるようになります。

　2月になると、0歳児クラスの子どもたちも、園全体で行う行事に参加して、そこで経験するはじめてのことや、はじめての雰囲気に対して泣く姿が多くみられるようになります。また、泣く回数は減ってくるものの、泣く原因は多岐にわたり、自分の意思を、泣くという行為で示すことも多くなってきます。

　このように、乳児が泣く原因について1年をとおしてみると、4月と2月ではかなりの違いがあります。これはクラス全体の子どもの成長を意味するもので、保育者にはその成長に合った対応が必要になってくることがわかります。

②集団としてのクラス運営

　乳児クラスの運営における保育者は、子どもとの1対1の関わりだけが取り上げられがちですが、集団として生活している以上、保育者にはクラスとしての関わりも求められます。そのとき必要となるのが、保育記録であり指導計画です。一人ひとりの発達を保障する保育計画という

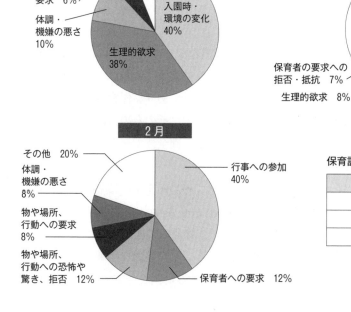

図表2-1　0歳児クラス　保育記録に記入された泣く行為の内訳

保育記録における泣く行為の記入数の変化

月	記入数
4月	57
9月	31
2月	25

視点はもちろんのこと、子どもとクラス集団の関わりをどうとらえて保育計画を立てるかという視点も必要です。また、保育計画には、子どもを理解し、一人ひとりに合った保育計画を立てることが求められますが、子ども理解の方法として、保育記録は非常に有効になります。

　新年度が始まると、図表2-1で示したように、0歳児クラスは泣き声でいっぱいになります。保育者は、抱っこしたり遊びを提供したりするなかでおなかがすいているのか、眠たいのかなど、あらゆることを想定して保育にあたります。4月はまさに、乳児も保育者も新しい環境に慣れるための月といってよいでしょう。

　次の事例の保育所では、すべての子が泣かないで登園するようになるまで2週間かかりました。逆にいうと、2週間以内にすべての子が慣れたということです。子どもたちがいつごろ慣れるかという見通しがもてると、保育者はそれまでに何をすればよいのか予想がつきます。

インシデント⑥　哺乳瓶で飲まないJちゃん（4月）

　0歳児クラスのJちゃんは、入園したばかりで新しい環境になかなか慣れません。哺乳瓶からのミルクも飲まないので、お母さんに昼休みに保育所に来て母乳を飲ませてもらうことにしました。それと並行して、保育者は、哺乳瓶にも慣れる機会をつくろうとミルクを飲ませる担当を決めて、お母さんの飲ませ方と同じように飲ませるようにしました。また、家庭でも、哺乳瓶で飲む機会をつくってもらうようにしました。

　その後、Jちゃんは、10日目にはじめて保育者の哺乳瓶からミルクを飲むことができました。

　この事例では、環境や哺乳瓶に慣れないJちゃんに対して、慣れさせるための機会をいろいろとつくっています。4月は、保育所等が心地よい場所であると子どもたちに伝える月であり、保育者が一人ひとりの子どもの状態を把握する月でもあります。そのために、保育者が1対1で子どもと関われる時間をつくるなど、園全体でクラスを支えるのも一つの方法です。

　0歳児のクラスであっても、1対1の対応を基本にしながら、集団としての1年間を見通したクラス運営が必要です。「保育所保育指針」にも、「保育所の生活の全体を通して、総合的に展開されるよう、全体的な計画を作成しなければならない」という全体的な指導計画の必要性と、「3歳未満児については（中略）個別的な計画を作成すること」とあり、

その必要性が指摘されています[8]。

3．泣き笑いを踏まえた実際の子どもの姿

「保育所保育指針」には、保育所等は、「健全な心身の発達を図る」ことを目的とし、「環境を通して、養護及び教育を一体的に」行い、「専門的知識、技術及び判断をもって、子どもを保育する」施設であると記されています[9]。さまざまな環境の子どもたちが集団で過ごす保育所等での乳児保育には、一人ひとりの生理的欲求が満たされ、安心して過ごせる環境、子どもの主体的なさまざまな活動を保障できる環境、子どもに関わる保育者の専門的知識が求められます。

図表2－2は、乳児の生理的欲求がどのようなときに満たされる（快状態になる）のかをあげたものです。睡眠や食事の生理的欲求が満たされると、乳児の機嫌がよくなり笑顔がみられることがわかります。また、「生理的欲求で泣く」期間と「生理的欲求が満たされることで快の状態

▶出典
[8]「保育所保育指針」第1章3「保育の計画及び評価」(1)ア、(2)イ(ア)

▶出典
[9]「保育所保育指針」第1章1(1)「保育所の役割」ア、イ、エ

図表2－2 生理的欲求が満たされたとき（快状態）の場面

・睡眠後、廊下で遊ぶと笑う
・眠ったあと、機嫌がよい
・朝寝のあと、機嫌がよい
・食後、機嫌がよい
・食後、ご機嫌で大声をあげる
・ミルクを飲むと機嫌がよい

図表2－3 生理的欲求に対しての快状態と不快状態の回数

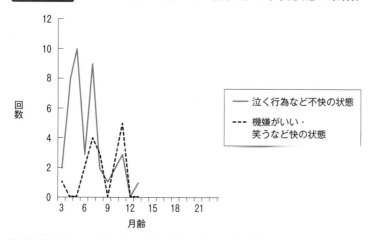

注）生理的欲求については、生命の保持に必要な「食事・睡眠・排泄に関わること」としてとらえた。

になったと思われる」期間は、重なります（図表2-3）。生理的欲求で泣く行為は不快の緊急性を訴えるものですが、そこに保育者が介在してその欲求を満たすことで、満たされて笑う（快）の状態に変化するのです。

保育者に必要なのは、乳児を「生理的欲求で泣く行為」から「満たされて笑う行為、機嫌がよくなる行為」へ導きだすことです。それも、「絶えずおなかがすいた不快な状態」でも「絶えずおなかがいっぱいの状態」でもなく、「おなかがすくと泣くが、保育者に満たしてもらうと機嫌がよくなる」快の状態にすることなのです。保育所等の保育にとって、乳児が「機嫌よく過ごす」ことは大切な保育目標であり、その保育目標を達成するためには、保育者の関わりがとても大切です。

つまり、自由に泣いたり笑ったりができる環境、泣くこと（不快）を受け止めたり笑い（快）を保障できる環境が大切であり、何よりもそこには、その環境をつくるための保育者の存在が不可欠なのです。

演習課題

① 「保育所保育指針」には、乳児保育に関して「一人一人の子どもの生育歴の違いに留意しつつ、欲求を適切に満たし、特定の保育士が応答的に関わるように努めること」（第2章1（3）「保育の実施に関わる配慮事項」イ）とありますが、その理由を、乳児保育の現状を踏まえながら考えてみましょう。

② 乳児保育において、主体性を育てる環境とはどんなものでしょうか。乳児保育の現状に合わせて考えてみましょう。

③ 「保育所保育指針」には、全体的な計画の作成とそれに基づく子どもの生活や発達を見通した長期的な指導計画、日々の生活に即した短期的な指導計画の作成が記されていますが、この3つの視点での指導計画が必要な理由を、乳児保育の現状に合わせて考えてみましょう。

参考文献

レッスン1
　厚生労働省　「保育所保育指針」　2017年
　厚生労働省　「保育所保育指針解説」　2018年

レッスン2
　阿部和子編　『演習　乳児保育の基本（第3版）』　萌文書林　2016年
　今井和子・大方美香・天野珠路編著　『独自性を活かした保育課程に基づく指導計画
　　　——その実践・評価』　ミネルヴァ書房　2010年
　厚生労働省　『保育所保育指針解説』　フレーベル館　2018年

佐々本清恵・大方美香 「乳児保育における保育者との関係性（Ⅱ）——乳児の『泣く行為』の内容分析」『大阪総合保育大学紀要』(11) 2017年 191-204頁
柴崎正行・戸田雅美・秋田喜代美編 『保育内容 「言葉」』 ミネルヴァ書房 2010年
吉本和子 『乳児保育——一人ひとりが大切に育てられるために』 エイデル研究所 2002年

おすすめの1冊

柴崎正行・戸田雅美・秋田喜代美編 『保育内容「言葉」』 ミネルヴァ書房 2010年
　保育にとって、言葉は重要な意味をもつが、単に「言葉」の説明だけでなく、「言葉」から保育の全体像や保育者の役割がみえてくる、言葉以上に重要なことを伝えてくれる本。

第2章

3歳未満児の発達と保育

本章では、3歳未満児の発達の特性と保育者の関わりについて学んでいきます。乳児期は、心身ともに成長が著しい時期です。保育者は、乳児の発達について理解したうえで、適切な関わりをすることが求められます。また、乳児保育に関わるさまざまな施設についても理解していきましょう。

レッスン3　ヒトの発達と保育の営み（0歳児）
レッスン4　ヒトの発達と保育の営み（1〜2歳児）
レッスン5　乳児や家庭を取り巻く環境と子育て支援
レッスン6　さまざまな施設と乳児の保育

レッスン3
ヒトの発達と保育の営み（0歳児）

このレッスンでは、0歳児の発達を、身体、心、人との関わりの3視点に分けてみていきます。この時期の乳児は心身ともに成長が著しいため、保育者は、それぞれの月齢における発達過程を十分に理解しておく必要があります。成長段階に沿った適切な保育をすることで、乳児は人との関わり合いを学んでいきます。

1. 0〜3か月児の発達

生まれたばかりの乳児は、昼夜の区別がつかず、一日の大半を眠って過ごします。寝て、起きて、おっぱいを飲んで、また寝るという行動を個人差はあるものの2〜3時間ほどの間隔で何度も繰り返します。

この時期の乳児には、自ら身体を動かそうとする随意運動ではなく、**原始反射**[*]がみられます。口に入ったものに吸いつこうとしたり、口の周囲を指で軽くつつくと吸いつこうとしたりするのは原始反射によるもので、これによって母親のおっぱいが飲めます。

視覚・聴覚機能は、生まれたときから発達しています。特に聴覚は胎児の時期から発達していて、胎内でも大人の会話などを音の刺激として受けていると考えられています。視力は弱いため、ぼんやりとしかものの形を認識できませんが、顔を近づけるとその人の顔をじっと見つめます。

当然、言葉を話すことはできないため、自分の意思は泣くことでしか周囲に伝えることができません。保育者は、乳児が何を訴えているのか、その理由を推測して、適切に応対することが大切になります。適切な応対を繰り返すことによって、乳児の泣き方も伝達の意図をもったものに変わり、保育者も泣く理由を徐々に覚えていき、泣き方で乳児の訴えがわかるようになっていきます。

また、乳児への語りかけは、愛着の形成に非常に重要な役割をもっています。乳児の快・不快といった訴えを受け止めて、それに対応するような語りかけが、「わかってくれた」という安心につながります。そうすることで、何かを伝えたいという気持ちが生まれてくるため、言葉の発達にもつながっていきます。

> **用語解説**
> **原始反射**
> 生まれたときから備わっている、外からの刺激に反応する反射。原始反射は、成長とともにみられなくなり、生後3〜4か月以降には、自然になくなる。上半身が急に傾いたときなどに両腕を上げて空をつかむようなしぐさをするモロー反射、手のひらにふれたものを握る把握反射、両手をもって起こそうとすると、自分で起き上がろうとする引き起こし反射などがある。

2. 3〜4か月児の発達と保育の営み

1 身体の発達

　生後3か月までの間に、身体は著しく成長します。体重は出生時の約2倍、身長は10cmほど伸び、このころには原始反射はほとんど消えて、自らの意思で動こうとする随意運動へと移行します。生活面では、昼夜の区別がつくようになり、昼間に目を覚ましている時間が長くなります。一日のなかでも、午前中は機嫌がよく、夕方になるとぐずるなどといった一定のリズムがみられるようになります。

　首がすわり始めるのも、この時期です。首のすわりは、乳児の身体と心の成長を大きく押し進める重要な発達過程です。まず、首がすわることによって、横抱きから縦抱きができるようになるため、乳児の視界は大きく広がります。また、**追視**＊の範囲が広がり、さらには顔を左右に180度動かすことができるようになることによっても、視野は一段と広がります（図表3-1）。

　そのため、さまざまなことに興味や関心をもつようになり、喃語（なんご）が活発になったり、寝返りができるようになったり、心身の発達に影響します。また、縦抱きにすると遠近感や立体感がわかるようになるほか、人と目を合わせることができるようになり、目が合うとほほえむしぐさもみせるようになります。このように、人との関わりにおいても、首のすわりは重要な発達のポイントといえます。

　手指の発達も始まります。生まれたばかりの乳児は、親指を内側にして手を握りしめていますが、3〜4か月になると、親指を外側にだせる

※用語解説
追視
動くものを目で追うこと。1か所をじっと見つめることを固視という。生後2か月になると、徐々に追視の範囲が広くなり、顔を正面に向けた状態から左右50度程度まで追視ができるといわれている。ゆっくり動くものでも、途中で追視が途切れることがあるが、徐々に発達が進むことで、3か月を過ぎるころには、往復追視ができるようになる。

参照
喃語
→レッスン9

図表3-1　固視と追視の範囲

固視	上下左右の追視	360度の追視
1か月を過ぎると、30〜40cmあたりの距離で焦点が合い、ものや人の顔をじっと見つめるようになる。	2か月を過ぎると、左右の追視、4か月を過ぎると上下の追視ができるようになる。	さらに視野が広くなると、追視の範囲が広がり、360度見渡せるようになる。

ようになり、ものをしっかりとつかめるようになります。

2 心の発達

　生まれたばかりの乳児は、浅い眠りのときにほほえむような表情を浮かべます。これは**生理的微笑***とよばれる原始反射であり、人からあやされて笑っているわけではありません。生理的微笑が消えていき、あやすとそれに呼応するように笑う**社会的微笑***が現れるのは、2～4か月ごろとされています。社会的微笑が活発になると、笑い声がでるようになり、感情表現が芽生えてきます。

　自らを取り巻く世界に興味をもちはじめ、知的好奇心が生まれてくるのもこの時期です。首がすわり、視野が広がるなどの身体の発達が、乳児の探求心を芽生えさせ、また、触ってみたい、見てみたいといった探求心の発達は、さらに身体の発達を促します。自分の手をじっと見つめる**ハンドリガード***や興味のあるものへ手を伸ばそうとする**リーチング***も、心の発達から生まれる動きです。

　このように、乳児の探求心は身体の発達にも大きく関係するため、遊びをとおして活発にさせたいものです。たとえば、ガラガラなど音のでる玩具を握らせると、楽しい音がするので、どんどん振りたいという気持ちが生まれてきます。ガラガラを触って振りたいという欲求を利用して、寝返りの体勢を促すこともできます。

3 人との関わり

　この時期の乳児は、あやされてニコニコと笑うだけでなく、自らあやしてほしくて笑いかけることがあり、他者とコミュニケーションをとることに、楽しさやうれしさを認識しはじめる時期だといえます。乳児のなかに「あやしてもらってうれしい」「もっとこの人と遊びたい」という気持ちが芽生えてくれば、自然と人と関わり合う力が身についてきます。そのため、乳児が起きている間は、なるべく1対1でのコミュニケーションをとることが求められます。向かい合って目と目を合わせて話しかける、笑いかけるなどは、その後の言葉の獲得にも大きく関係します。

　また、この時期は、泣き声以外の声もだすようになり、機嫌がよいときは声をだして遊びます。喉や舌の発達とともに、いろいろな音を発することができるようになるため、「アー」や「ウー」などの母音に加えて、「クー」といった子音や「ブー」などの破裂音もだすようになります。こうした喃語の量が増えてくると、何か喃語を発したあとに、それに対する応答を待つようなしぐさをみせることがあります。これは、会話を

---

* **用語解説**

生理的微笑
0～1か月ごろにみられる、入眠時のほほえむような表情。楽しい、うれしいといった感情に基づいているわけではないが、不快な状況では現れない。

社会的微笑
楽しい、うれしいといった感情に基づいた笑顔の表情。2か月を過ぎたころから、あやされたり、くすぐられたりすることでみられはじめる。

ハンドリガード
仰向けで寝ている状態で、自分の手をじっと見つめる動作のこと。まだ、手が自分の身体の一部だという感覚はないものの、手を口にもっていきなめるなど、確認するような行動をしながら、自分の手を認識するようになっていく。

リーチング
興味や関心をもったものに手を伸ばしたり、欲しいと感じたものに手を伸ばしてつかんだりする動作。5か月ごろからみられることが多い。

する楽しさを認識しはじめているともいえます。喃語にこたえると、乳児はそれを喜び、もっと話そうとする意欲につながります。喃語は乳児にとっての言葉の始まりです。コミュニケーションの力を伸ばすためには、喃語のおしゃべりを一緒に楽しんであげることが大切です。

3. 5〜6か月児の発達と保育の営み

1 身体の発達

首がすわると、今度は寝返りをうとうとします。仰向けに寝ているときに上半身をひねっていたら、寝返りをうとうとしている合図です。寝返りがうてるということは、自力で身体の向きや位置を変えることができるようになるということです。これは、自分の力で移動することにつながるため、上手に誘導したいものです（図表3-2）。

寝返りがうてるようになり足腰がしっかりしてくると、腹ばいの姿勢から手をついて上半身を持ち上げるなど腰の筋力もつき、おすわりの状態ができるようにもなります。ただし、はじめはまだまだ保育者の支えが必要です。無理におすわりの姿勢にすると、前傾姿勢のまま倒れてしまいます。

6か月ごろになると、長い時間は難しいですが、短時間であれば自分の力でおすわりの姿勢を保つことも可能です。1人でおすわりができるようになるには、背中や足腰の筋肉、運動神経が十分に発達する必要があります。

手指の操作も発達していきます。目と手の**協応動作**＊が始まるため、

※ 用語解説
協応動作
2つ以上の器官が連携して機能している状態のこと。目と手の協応動作が始まると、興味をもったおもちゃに、自ら手を伸ばすという行動がみられるようになる。

図表3-2 寝返りの介助のしかた

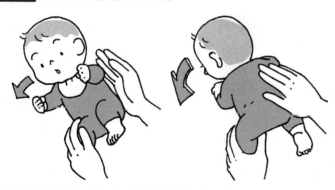

保育者が少しの介助をすれば、徐々に自ら寝返りができるようになる。
上半身をひねったままで、うまく寝返りができないときは、仰向けの状態に戻らないように、そっと背中に手を当てて支え、うつぶせになるように誘導する。

4～5か月ごろになると、関心のある対象に進んで手を伸ばすようになります。5～6か月ごろになると、ものをつかむことが上手になります。左右の手の指先が全部開くようになるのもこの時期です。

一般的には、離乳食へ移行するのも5～6か月の時期です。この時期は、スープ状のものを飲み込むいわゆるゴックン期とよばれる時期で、ドロドロしたりベタベタして軟らかいものを、スプーンで一さじ与えることから始めます。また、離乳食は栄養の摂取だけが目的ではなく、口や咀嚼力の発達を促します。大人が食事をしているのを見て、口をモグモグする様子がみられたら、離乳食を開始するタイミングと考えてよいでしょう。消化・吸収の活発化でよだれが増えてくるのも目安です（図表3-3）。

2　心の発達

この時期の乳児は、喜怒哀楽の感情表現が豊かになり、自己主張が始まります。乳児はあやしてもらうことが大好きですから、自分から笑い

図表3-3　離乳期ごとの与え方と口腔内の育ち

離乳期	離乳初期（ゴックン期）	離乳中期（モグモグ期）	離乳後期（カミカミ期）
月齢	5～6か月	7～9か月	10～12か月
離乳食の例	スープ状のもの。	舌や上あごでつぶせるくらい、ある程度のかたさのあるもの。	歯茎でつぶせるくらいのかたさのもの。
離乳食の与え方	膝に乗せて抱き、一さじずつスプーンで食べさせる。 	汚れの対策として、エプロンや床にビニールシートを使用する。 	手づかみで食べる。スプーンによる保育者の介助が必要。 
口腔内の育ち			

出典：松本峰雄監修『乳児保育演習ブック』ミネルヴァ書房、2016年をもとに作成

かけたり、声をだしたりするようにもなります。反対に、泣き方にも変化が現れ、自己主張からかんしゃくを起こすこともしばしばあります。

また、夜泣きをするのもこの時期からです。夜泣きは、昼間に怖いと感じたことや驚いたことを思い出してしまうために起こるともいわれています。起きている時間が長くなると、活動量が増えるため、多くの刺激を受けます。昼間の刺激を夜になっても覚えていて、急に泣きだすといわれています。

3 言葉・人との関わり

乳児は成長とともに、常に身近にいる特定の保育者や親との交流を求めるようになります。特定の大人に抱っこされているときは、安心感から笑顔をみせますし、見慣れた大人の顔を見ただけで、自らほほえみかけるようにもなります。反対に、見知らぬ大人にあやされたり、抱っこされたりすると、嫌そうに顔をそむける、泣くなどの行動をとる（**人見知り**）ようになります。これは、身近な人と他人とを区別して認識できるようになったということで、日常的に関わる特定の大人との間に情緒的な絆が形成されはじめている証です。保育者がいなくなると、不安になったり、さびしくなったりして、泣いてしまうこともあります。乳児の情緒の安定のためには、親から離れて保育所等で育つ乳児は特に、「この先生がいれば安心できる」と思える環境づくりが必要になります。

4. 7～9か月児の発達と保育の営み

1 身体の発達

生後すぐの乳児と6か月を過ぎた乳児の脳を比べてみると、その重さは2倍にもなっています。脳の各領域の発達は、全身機能の発達にも影響します。中脳、間脳、小脳といった神経ネットワークに関連する領域が発達すると、感覚系と運動系の協応動作ができるようになり、姿勢の立ち直りなど平衡感覚・バランス感覚も発達してきます。大脳は左右の機能がほぼ同じ水準で発達します。そのため、左から右へのものの持ち替えや、左右に対になって置かれた積み木を見比べることができるようになります。

6～7か月ごろは、両手で身体を支えないと前に倒れてしまうため、手を身体の前について支えながらおすわりをしますが、7～8か月ごろには手で身体を支えなくても座っていられるようになります。これは、

> ● 補足
> **人見知り**
> 6か月ごろから、人見知りをする乳児が増える。これは、脳の発達に関係していて、思考力や記憶力がついてくると、身近にいる人とそうでない人の区別がつくようになるため、知らない人を見ると、不安になって泣いたり、むずかったりするようになる。個人差があるため、あまり人見知りをしない子もいれば、激しく人見知りをし、3歳ごろまで続く子もいる。

✳ 用語解説

ずりばい
腹ばいの状態になって、手で上半身を支えながらするはいはい。はじめのうちは自らの力で前進することはできないが、手足の発達とともに手足を動かして前進できるようになる。

四つばい
ずりばいができるようになると、だんだんと四つばいができる。四つばいは、手とひざを床につけて前進し、おなかをずって動くことはない。足腰の筋力が発達しないとできず、だいたい8〜9か月ごろにできるようになる。はいはいが左右対称の動きになるのも、8〜9か月ごろで、これは脳が発達することによってできる動作でもある。

高ばい
四つばいから、さらにおしりを高く上げてひざをつけずに前進するはいはい。

上半身の筋肉と神経が発達し、身体の安定がとれるようになった証拠です。座った姿勢でも両手が自由に使えるようになるため、おすわりをした状態で玩具で遊ぶなどの姿がみられるようになります。

おすわりができるようになると、次ははいはいをするようになります。足腰の発達にともない、はいはいにも段階があり、まず**ずりばい**＊ができるようになり、だんだんと**四つばい**＊、**高ばい**＊をするようになります。高ばいができるようになったら、あと少しで立てるようになるサインです。しかし、立って歩けるようになるまでに、この順序をたどるかどうかは、個人差があります。あまりはいはいをすることのなかった子が、ずりばいからいきなり立って歩き始めることもあります。

また、手指の操作が著しく発達していく時期でもあります。ものをつかむという動作だけでなく、自らものをつかみ、それを左手から右手に持ち替えることができるようになります。これは、両手を連携して使えるようになった証拠です。7〜8か月ごろになると、親指と人さし指が90度くらいに開くようになります。そのため、親指とほかの4本の指でものをわしづかみできるようになります。8〜9か月ごろになれば、自分の意思でものをつかんだり離したりできるようになります。そのほかにも、左右の手でもっているものを自分の正面で合わせ、カチカチと打ちつけることもできます。親指・中指・人さし指の3本のみで、ものをつかめるようにもなります。

歯が生え始める時期には個人差がありますが、一般的には7か月ごろから生え始めることが多いといわれています。歯茎がむずがゆく感じるため、玩具などをかむ傾向があり、歯固めのできる玩具を与えるのがよいでしょう。歯はまだ生えそろいませんが、ものを食べるときには口をしっかりと閉じて、舌の上下運動と顎の上下運動で、上手につぶして食べられるようになります。いわゆるモグモグ期とよばれる時期で、1日2回のペースで離乳食をすすめ、母乳やミルクは食事を補うものとして与えるようにします。だんだんと離乳食の味がわかるようになるため、食材そのものの味を損なわないような味つけにし、成長に合わせて食材の種類を増やしていきます。内臓機能が発達するので、豆腐や白身魚などのたんぱく質も摂取できるようになります。たんぱく質は、身体をつくる重要な栄養素ですが、内臓への負担が多くかかるため、摂取量には注意が必要です。

離乳食に慣れてくると、手指を使って手づかみで食べはじめます。食べ物に興味を示し、手を伸ばしつかむという一連の動作が、さらにこの時期の手指の発達に影響しています。

2 心の発達

　月齢を重ねて身体と脳が発達し、さまざまな体験をすることによって短期記憶ができるようになり、直前のものごとを覚えていられるようになります。たとえば、6〜7か月ごろの乳児は、机の下に玩具を落としたりすると、玩具を探そうとします。これは、「今玩具は見えていないけれど、机の下に落としてしまった玩具がある」という状態を理解しているということです。これを「**ものの永続性の理解***」が進んだといいます。さらに、8〜9か月にもなれば、「ものの永続性の理解」は、より進みます。たとえば、玩具に布を被せて見えない状態をつくります。短期記憶のできない時期であれば、玩具がないということしか認識できませんが、この時期にもなれば、布の下に玩具があることがわかっており、その布を取って玩具を見つけることができます。これは、ものがなくなったのではなく、見えないだけで、そこにある存在を知覚しているということです。

　また、おすわりができるようになると、視線が高くなり見える世界が広がるため、乳児の好奇心はより高まります。はいはいができるようになると、自分の意思で移動できる楽しさを知り、外の世界への興味がより一層広がります。この時期の乳児の探索行動は、特定の大人を自分の安心感・安全感の"基地"とすることで、盛んになっていきます。大人が自分のそばにいることが確認でき、見守られていることが実感できると、安心して自分の関心のある周囲のものへの探索行動を始めます。そのため、活発な探索行動を促すためにも、愛着の形成は非常に重要だといえます。

　おすわりができ、はいはいをするころは、**8か月不安***が現れる時期でもあります。これは、親や特定の保育者が自分の視界から消えることへの不安からくるものだといわれています。乳児は、親や特定の保育者が視界から消えても、そばにいるということを想像できません。そのため、少しでも姿が見えなくなると、不安になって泣きだしたり、そばから離れる素振りをすると必死に追いかけようとしたりします。乳児が、自分は守られているという安心感、守ってくれる人がいるという信頼感をもつことで、保護者自身も、自分が必要とされる存在ということを実感します。

3 言葉・人との関わり

　この時期の乳児は、何かを訴えるときに、意識的に声をだすようになります。特に自分の欲しいものがあるときには、「アー」という声をあげて表情を変化させ、視線で訴え、欲しいものに手を伸ばします。これ

用語解説

ものの永続性の理解
「今は見えていなくても、そこに存在する」というように、ものの状態を認識できていること。「いないいないばあ」も、短期記憶の発達により理解できる遊びである。目の前の大人が顔を隠しても、手の下に顔があることを覚えているため、「ばあ」で顔がでてくることをおもしろがって笑う。

用語解説

8か月不安
急に不安な気持ちになって大人の後追いをしたり、夜泣きが強くなったりする現象のこと。

は、積極的にまわりに自分の意思を伝えるようになったということです。

8～9か月ごろになると、大人が指を差した方向を見るようになります。これは、指を差した方向に何かがあり、伝えたいことがあるということを理解している状態です。

言葉にならない喃語を発している時期ですが、言葉の発達も著しく、生活のなかで日常的に使われる言葉に反応するようになります。「ダーダーダー」「マンマンマン」など反復する喃語を話しはじめますが、このころに発せられる喃語には何かしらの要求や意味が含まれており、話しかけると乳児なりに音節を連ね、強弱や高低をつけて喃語で受け答えをします。音声模倣といって、大人の話している言葉のまねもはじめます。乳児が反応しやすいように、「ブーブーだよ」「ニャンニャンだよ」というように、反復した喃語で話しかけると、発語が促されます。

5．10～12か月児の発達と保育の営み

1　身体の発達

この時期は、はいはいでの移動がさらに上手になります。はいはいのスピードも速くなり、障害物も上手に避けて、自分の行きたい方向へスムーズに進むことができるようになります。階段も、四つばいや高ばいで上り下りできるようになります。ただし、下りるときは後ろ向きです。

さらに、10か月ごろから、おすわりの状態から、机やいすに手をついてつかまり立ちをするようになります。はじめのうちは、重心をつま先のほうにかけてしまうつま先立ちが多くみられ、上手に身体を支えられず、しりもちをついてしまうこともあります。おしりを支えるなどのサポートをしながら何度か繰り返していくと、重心が安定して立てるようになります。

足の裏全体に重心をかけることができ、つかまり立ちが安定しはじめると、今度は机やいす、壁をつたいながら歩く、つたい歩きが始まります。つたい歩きで歩ける歩数が増えると、だんだんとひとり歩きができるようになっていきます。

つかまり立ちやつたい歩きができるころになると、**パラシュート反応***や**ホッピング反応***がみられるようになります。この反応がでれば、うまく立てなかったり歩けなかったりして転倒しそうになったときに、本能的に自分の身を守ることができます。つかまり立ちやつたい歩きの時期は、身体が安定せず、すぐに転んでしまうことが多くなります。ま

* 用語解説
パラシュート反応
うつぶせにした乳児を上に持ち上げ、そのままの姿勢で下ろそうとすると、自分の身体を守ろうとして、両手を前にだす反応のこと。

ホッピング反応
乳児を立たせた状態で、身体を前や後ろ、左右に倒そうとすると、身体が倒れないように、足を自然と踏みだす反応。この反応がでるようになれば、つかまり立ちやつたい歩きをする目安になる。

わりに頭をぶつけてしまう障害物はないか、安全な環境づくりを心がけ、目を離さず見守るようにします。

つかまり立ちが安定すると、そこから手を離して、一人で立つこともできるようになります。おすわりの状態から一人で立ち上がることができたり、立った状態のままで後ろを振り返ることができたり、関連動作もできるようになります。バランス感覚が発達すること、うまく体重移動ができるようになること、重心を安定させられることが、うまく立てるようになるポイントです。

手指はさらに発達して、指先の細かな動きができるようになります。10〜11か月ごろになると、親指と人さし指の2本の指で、ものをつまめるようになります。また、器の中に入っているものを次々とだしたり入れたりすることを、好んでするようになります。11〜12か月ごろになると、さらに細かな動きができるようになります。小さなものを親指と人さし指でつまんで、穴に入れようとします。ほかにも、ボタンを押したり、積み木を2つ重ねたりできるようになります。ペンなどを手にもてば、左右の往復運動でなぐり描きができるようになります。

指先が器用になったことで、床に落ちているものを何でも拾って口に入れてしまうことも多くなります。誤飲事故を防ぐためにも、乳児の手の届くところに口に入るような大きさの玩具やものを置かないように、まわりの環境を整えることが重要です。

10か月ごろになると、離乳食は1日3回になります。食べられる食材も量もぐんと増え、必要な栄養は離乳食からとるようになります。下の歯が生えてくる時期で、歯と歯茎でかむ、カミカミ期とよばれる時期です。基本は保育者がスプーンで与えますが、手づかみで食べたがるようになります。手指の発達とともに、ものをしっかりとつかめるようになったら、手でつかみやすい大きさに食材をカットしたり、小さなおにぎりやパン、スティック野菜をメニューに加えたりします。まだ食べる量よりもこぼす量のほうが多く、自分一人では必要量を食べることができないため、スプーンによる保育者の介助が必要です。咀嚼を促すためにも、ゆっくりのペースで食べ物を口に運ぶようにします。手づかみで食べているなかで、タイミングを見計らってスプーンで口へ運び、食事を進めるようにします。1歳までの手指の発達については、図表3-4にまとめています。

2 心の発達

「〜したい」「〜が欲しい」という自己主張が強くなり、泣いてしまう

図表3-4 手指の発達

0～3か月	3～4か月	4～5か月	5～6か月
親指を内側にして手を握りしめている。	手のひらの中に入れていた親指を外側にだせるようになる。	欲しいと感じたものに手を伸ばしてつかむ、リーチングが始まる。	ものをつかむのが上手になる。手の指先が全部開くようになる。

7～8か月	8～9か月	10～11か月	11か月～1歳
親指と人さし指がおよそ90度開く。親指とほかの4本の指でものをつかめる。	左右の手でもっているものを正面で合わせ、カチカチと打ちつけることができる。	親指と人さし指の2本で、ものをつまめるようになる。	リモコンなどの小さなボタンを押せるようになる。

ことが多くなります。言葉の理解力は発達しても、それを言葉で伝えることができないもどかしい気持ちから、泣いたり叫んだりします。まずは、「～したかったんだね」と思いを代弁し、気持ちを受け止めてあげます。要求をかなえてあげられないときは、「～したいんだね。でも、今は～をやろうね」と言葉で伝えることが大事になります。

　また、自分のやりたいことを指差して伝えようとすることが多くなります。これは、指差しによる乳児の意思表示で、やりたいことや、やってほしいことを伝えようとしています。**共同注意**＊ともいい、乳児が興味を示したものを指差し、大人がそれを一緒に見ることで、指差しに含まれる意味を理解するというコミュニケーション手段です。指差したものに対して、言葉でこたえてあげると、言語の理解がさらに深まります。

　また、8か月不安に引き続いて、後追いが一層激しくなる時期です。身体が発達しはいはいができるようになったことで、自分の意思で動けるようになり、愛着を行動で示そうとします。この時期は、好奇心とともに不安な気持ちも多いため、「大丈夫だよ」「すぐ戻るよ」といった声をかけ、安心させてあげることが大切です。

✳ 用語解説
共同注意
二者間のコミュニケーションで、片方が指差した方向を一緒に見るような行為。このときに、言葉と一緒に指を差すことで、何を伝えたいのか認識できるようになる。

3 言葉・人との関わり

　この時期は、言葉の理解が進み、**初語**＊が現れる時期です。初語は10〜11か月ごろを過ぎると現れ、1歳1か月ごろまでには、たいていの乳児に現れます。乳児は、話す力よりも、聞いて理解する力のほうが先に発達します。多くの言葉を理解しはじめる時期のため、わかりやすい言葉で伝えてあげることが大事です。乳児が発しやすい、いわゆる赤ちゃん言葉で話しかけて、発語の機会を促したり、言葉で表現するときは、それを表すジェスチャーをつけたりして、言葉の意味を理解できるようにしてあげるとよいでしょう。

　この時期は、大人の行動をじっと見つめ、身振りをよくまねするようになります。たとえば、大人がバイバイすると手を振る動作のまねをしたり、バンザイをすれば一緒になって両手を上げたりします。このような模倣行動は、11か月ごろに盛んになっていきます。大人のまねが得意になるこの時期は、コミュニケーション力を育む時期でもあります。「こんにちは」「ありがとう」などと言いながら頭を下げたり、「いってらっしゃい」と手を振ったり、動作と言葉を交えて語りかけ、関わり合いの楽しさを伝えるのがよいでしょう。また、このころは、褒められると喜んで何度も同じ動作を繰り返します。「バイバイは？」「パチパチは？」と動作を求め、それを褒めると、何度も手を振ったり叩いたりして喜びます。応答的なやりとりを楽しみましょう。

　また、この時期は、まわりの人たちとコミュニケーションをとることを、楽しく思いはじめます。たとえば、乳児がもっている玩具を「ちょうだい」と言うと、玩具を差しだすようになります。反対に、「どうぞ」と言って玩具を差しだすと、受け取ります。このようなやりとりが楽しくなりはじめると、何でもものを手渡そうとします。「ありがとう」と言いながらやりとりをすることで、乳児は人と関わり合うことの楽しさを学んでいくのです。

　言葉の意味や相手の表情で感情の理解が始まるため、やってはいけないことを禁止の言葉で伝えることができます。危ない行動をとろうとしたら、強い口調や表情で、いけないということを伝えます。叱られているということがわかり、やってはいけないことだと認識するようになります。

＊ 用語解説

初語
喃語のなかで発せられる、「ママ」「パパ」といった意味のある言葉のことをいう。おなかがすいた、ご飯がほしいといった意味の「マンマ」を発することも多い。

演習課題

① 0歳児の発達について、身体の発達、心の発達、人との関わりの発達の3つに分けて、自分なりにまとめてみましょう。

② 原始反射について自分で調べ、まとめてみましょう。

③ 0歳児の保育を行うに当たって、必要な環境構成と保育者の配慮はどのようなものがありますか。友だちと話し合ってみましょう。

レッスン4

ヒトの発達と保育の営み（1〜2歳児）

このレッスンでは、1歳児から2歳児の発達を、身体、心、言葉、人との関わり、生活習慣に分けてみていきます。1歳を過ぎると、自分の意思で歩けるようになると同時に、自我が芽生えます。2歳になれば、いわゆる「イヤイヤ期」が始まります。保育者は、身体や心の発達を理解して保育をすることが求められます。

1. 1歳児の発達と保育の営み

1 身体の発達

つかまり立ち、つたい歩きができ、一人で立てるようになると、たいていの乳児は1歳6か月ごろまでには歩きはじめます（図表4-1）。はじめは両手を上げてバランスをとりながら2〜3歩、歩くだけですが、徐々に手でバランスをとらなくても歩けるようになり、自ら立ち上がって歩きだすことも可能になります。よちよち歩きのときは、身体のバランスがうまくとれずに転倒してしまうことがよくあるため、けがなどをしないように安全な環境を整える必要があります。

1歳半を過ぎるころからは、左右の足運びや、つま先とかかとの着地がしっかりとしてくるため、転ぶことが少なくなります。安定して歩くことができると、さらに足腰が発達していき、一人で歩く距離が長くなり、走ることもできるようになります。また、階段の上り下りも、片方の足を乗せると、もう片方の足も乗せ、両足をそろえてから次の段にいくというやり方で、するようになります。そのほか、ジャンプする、しゃがむ、台から飛び降りるなどの動きもできるようになっていきます。

安定した歩行ができるようになるためには、日々のなかで自発的に遊び回れる環境を用意することが効果的です。たとえば、坂道を上ったり、すべり台を反対側から上ったりするような運動は、足の親指で床を蹴る力につながります。また、階段をドりたり、後ろ向きに歩いたりすると、かかとで体重を支える力が身についていきます。

手指の操作はさらに巧みになり、指先を使って瓶の中にボタンを入れる、小さな穴の中に積み木を入れることなどを楽しみます。手首の動きも発達するため、回す、ねじるという動きも可能になります。道具を使い始めるのもこの時期からです。クレヨンをギュッと握って、お絵描きする

補足

この時期の体型
乳児体型から幼児体型へと体つきが変わっていく時期。足腰が発達して歩けるようになることで、身体が引き締まってスマートになる。

図表4-1　1歳児の足腰の発達

時期	発達の様子
1歳を過ぎるころ	・ひとり歩き 
1歳4～6か月	・スムーズに歩く 
1歳6か月～2歳	・転ばずに歩く ・階段の上り下り ・しゃがむ ・台から飛び降りる

出典：鈴木洋・鈴木みゆき監修『ユーキャンの子どもの発達なんでも大百科』U-CAN、2016年をもとに作成

ことができるようになります。1〜1歳3か月ごろは、上下左右に手を動かす直線的な**描画**が多くなりますが、1歳6か月ごろになれば、直線だけでなく、打ちつけるような点、ぐるぐるとした曲線も描けるようになります。

　手先が器用になることから、電話やリモコンのボタンを押してしまう、開けてほしくない扉を開けてしまうなど、大人を困らせる行為も現れますが、「ダメ！」という否定的な言葉で好奇心を削いでしまわないような環境づくりが大切となります。

　視覚においては、色彩感覚が発達していき、原色以外のたくさんの色を認識できるようになります。絵本のなかにでてくる色や、散歩で見つけたさまざまな色を言葉で示すことで、名前もだんだんと覚えていきます。また、視力の発達から、形の認識もできるようになり、丸や三角、四角といった基本の形がわかるようになります。それによって形をはめ込むパズルができるようになります。

　聴覚もさらに発達し、さまざまな音を聞き分けられるようになります。見えない場所で鳴った音に反応したり、音がする方向を正確に見つめたりします。音の高低差の聞き分けや電話・玄関チャイムの音など、音の種類も理解できるようになります。

2　心の発達

　この時期は、記憶や**象徴機能***が発達していきます。象徴機能の発達により、自分のイメージしたものを遊具で見立てて遊ぶようになります。子どものころによくみられる、生活のなかのシーンを再現するままごとやごっこ遊びも、象徴機能が発達し、イメージする力や記憶力が育つことで、できるようになる遊びです。1歳半を過ぎると、比較的長い期間の記憶ができるようになり、1〜3週間前の出来事を覚えていられるようになります。特に、犬に吠えられて怖かったこと、注射をして痛かったことなど、嫌だったことや怖かったことが強く心に残り、よく覚えています。そのような思いをした場所を怖がるなどの恐怖心も芽生えてきます。

　ものごとの予測を立てて行動できるようになるのも、この時期からです。たとえば、崩れないように積み木を積んだり、崩れそうになっている積み木を修正したりできるようになります。これまでの経験をとおして、こうすればこうなるだろうと理解できるようになるため、その予測に沿って動こうとします。ときとして、予測どおりにものごとが運ばないと、思いどおりにならないことでイライラしたりすることもあります。

補足
描画の特徴
一見すると、意味をもたない、線と点のなぐり描きに見えるが、子ども自身のなかでは、意味のある絵を描いたと認識するようになる。

用語解説
象徴機能
あるものを別の何かに見立てて、想像することができる力。ティッシュペーパーの箱を車に見立てて遊ぶなどの見立て遊びは、象徴機能が発達したことでできるようになる。

この時期はまだ、ものごとに対して複数の予測を立てることはできず、たくさんの可能性を考える力はありません。

自分を認識しはじめるのもこの時期です。鏡を見て、自分の顔、身体がわかるようになります。自己認識が発達しているかどうかは、たとえば、顔にごみがついたまま鏡を見たときにわかります。自分の顔に手を伸ばして取り除こうとすれば自分を認識しているということになりますが、鏡のなかの顔のごみに手を伸ばして取り除こうとしたら、自己認識が発達していないといえます。また、左右で対になっているものがわかるようになります。片方の耳や目などを指して、「もう片方は？」と尋ねると、もう一方を指差すことができます。

この時期は、身体の発達によって自分の意思で移動できるようになるため、自発的で主体的な**探索行動***によって、どんどん好奇心が満たされるようになります。それによって子どものなかに自信が芽生えてくるため、今度は何でも「自分でやりたい！」という**自立欲求***がでてきます。今までまわりの大人がしてくれていた食事などの援助を嫌がるようになり、自分でやってみようとする姿がみられます。イヤイヤをしたり、反抗的な言動もでてくるようになりますが、これは**自我の芽生え***といって、この時期の自己主張の一つです。しかし、反抗的な態度をとっていたかと思うと、雰囲気で気分が変わりやすく、コロッと態度が変わるのも、この時期の特徴です。

いろいろな感情が育っていくのもこの時期で、感情をはっきりとストレートに表すようになります。喜び、怒り、恐れなどの基本的な感情以外に、嫉妬する、照れる、すねる、悔しい、といった新しい感情が育ち、感情の分化が深まっていきます。同じうれしいという感情でも、程度の度合いで満面の笑みを浮かべたり、少しにっこりしたりというように複雑な感情を表すようになっていきます。生まれもった性格的な理由のため、感情表現をあまりしない子もいます。比較的おとなしい性格の子は感情表現も穏やかで、まわりが快・不快の感情に気づいてあげられないことがあります。そのような子に対しては、保育者から意識的に話しかけたりして、小さなサインを見逃さないようにします。

言葉で気持ちを表現することがまだ難しいため、うまく意思表示ができないときは、もどかしさから泣いてしまうこともあります。思いどおりにならなかった、要求が伝わらなかったといったことがあると、失望感から、泣きわめいたり、手足をバタバタさせるなどして、かんしゃくを起こすことがあります。やりたいという気持ちに身体の発達がついていかず、玩具を投げつけたり、だだをこねて大泣きしてしまったりする

＊用語解説

探索行動
目に映るものすべてに興味・関心を示し、自ら関わろうとする動き。

自立欲求
自我が確立しはじめたことによって、何でも自分でやってみたいと思う欲求。

自我の芽生え
自分の思いが強くなり、意思や欲求をまわりに伝えようとする動き。

こともあります。子どものもどかしい気持ちを理解し、その気持ちに寄り添い、代弁してあげることが大事です。

3 言葉の発達

1歳になったばかりのころは、使用できる言葉は少ないものの、**理解言語***は増え、「ワンワン」「クック」「ブーブー」と言われれば、何を指しているのかがわかり、言葉と対象が一致して理解できるようになります。たとえば、絵を見せて「ブーブーはどれ？」と尋ねれば、絵のなかにあるたくさんのもののなかから、車を探しだすことができるようになります。動物はすべてワンワン、乗り物はブーブー、というように、一つの特徴あるグループに対して一つの言葉で表現しますが、語彙がだんだんと増えていけば、グループ内の細分化されたものの名前がわかるようになり、犬をワンワン、猫をニャンニャンと言えるようになります。

1歳半を過ぎると、言葉でのコミュニケーションが増えていきます。使える言葉は30語前後になり、欲しいものがあるときは言葉で伝えられるようになります。はじめは「ちょうだい」「とって」「ほしい」といった言葉だけですが、発達が進むと、「これ」「あれ」「それ」といった指示語がつくようになり、「これ、ちょうだい」と言えるようになります。

自分の名前をしっかりと認識できる時期なので、名前を呼ばれると、笑顔で「はい」と返事ができるようになります。また、ものに名前があることを知るようになり、名前を知りたがるようになります。気になるものを指差して、「これ、なあに？」と尋ねるようになります。

4 人との関わり

自分という存在を認識しはじめると、自分の持ちものに対しても強い執着心をもつようになり、所有欲がでてきます。これは、自分のものと他人のものとの区別がつくようになった証拠です。この所有欲は、ものだけにおさまらず、人や場所についてもあり、好きなものは何でも自分のものにしたがります。そのため、ほかの子とのトラブルが多くみられるようになるのも、この時期です。

おもちゃの取り合いをして泣くことは、よくみられるケースです。これは、怒りや嫉妬といった新しい感情が豊かに育っているということでもあります。おもちゃの取り合いは、「そのおもちゃは、自分のものである」と認識していることから生まれるトラブルです。自他の区別がつきはじめている成長過程ですから、叩いたり、**かみつき***がみられたりといった、よほど危険なことがない限り、見守ります。

⁕ 用語解説
理解言語
聞いて理解できる言葉。自ら話す言葉を表出言語という。

⁕ 用語解説
かみつき
言葉が未熟な時期に、自分の思いを伝えたり、相手の思いを受け入れたりすることが難しいためにでてしまう行為。8か月ごろから現れはじめ、1歳半ごろがピークで、2歳前半ごろまでみられる。

できるだけトラブルが起こらないような環境づくりも大切です。周囲に興味をもち、何でもまねをしたくなる時期なので、ほかの子がやっている遊びを自分でもやりたくなります。そのようなときに、おもちゃの取り合いが頻繁に起きないように、いくつか同じおもちゃを用意しておくなどの配慮も必要となります。

また、集中力が発達することで、一人遊びができるようになります。一人遊びは、興味・関心をもったことに対して、一人で追求していく行為ですから、思考力や想像力の発達に大いに貢献します。友だちに邪魔されることなく没頭して遊べる空間をつくり、まわりの大人も、干渉せずに近くで見守ることが大切です。

この時期は、まだ友だちと一緒に遊ぶという感覚がないため、複数で一緒にいても、一人ずつ自分の遊びをする、いわゆる平行遊びの時期です。皆で遊ぶことはできませんが、友だちと同じ空間を共有することで、他人への意識が育っていきます。そばにいるほかの子どもの影響を受けて、まねをして遊びたがるようになります。興味をもって、じっと見ている姿があったら、一緒にやらせてコミュニケーションをとる援助をすることも大切です。ほかの子の存在に慣れ、一緒に遊べるようになるまで見守ります。

5 生活習慣

1歳を過ぎるころには、1日3食の離乳食を定着させることを目標とし、1歳半を過ぎるころには、離乳食から普通食へ移行できるようにします。食べ物がかたくなると歯で咀嚼することが必要で、ちゃんと咀嚼し飲み込むことをだんだんと覚えていけるように援助します。また、手指の発達から、手づかみで食べるよりもスプーンで食べることが多く

◆補足

好き嫌い
1歳後半になると、好き嫌いがではじめ、嫌いなものを口に入れようとすると、怒ったり、ひと口食べて吐きだしてしまったりといった行動がみられる。食べる量にも個人差がでてくるが、あまり食べられない子には少なく盛りつけをして、完食できたことの達成感を覚えさせる。

歯の発達
1歳半ごろになると、前歯が生えそろい、奥歯も生える。手指の発達から歯ブラシをもつことができるようになり、大人のまねをしながら歯磨きができるようになる。しかし、まだまだ保育者による仕上げ磨きが必要である。

図表 4-2 スプーンのもち方

1歳前半	1歳後半
手指は発達しているが、大人のように握ることはできず、手のひら全体で上から握る。	1歳後半になると下から握るようになる。大人と同じもち方ができるようになるのは、2歳を過ぎたころから。

なります（図表4-2）。はじめのうちは適量がわからず、たくさん口に入れてしまいますが、保育者が適量をすくってあげ、ひと口の量を教えていくようにしていきます。

　排泄のコントロールは、まだ自分の意思ではできません。おしっこの間隔が2時間以上になれば、回数が少なくなるため、トイレですることに挑戦させます。排尿感覚や、おしっこがしたくなったときにみせる行動は、一人ひとり違います。前を押さえてもじもじする、部屋の隅でしゃがむ、保育者の服を引っぱるなど、さまざまなサインがみられますが、よく観察して、おしっこをしそうになったらトイレに誘うことから始めます。

　この時期は、清潔と不潔の区別がつくようになります。服に砂や泥がつくとはらおうとし、汚れるということがわかるようになります。手が汚れると保育者に拭いてもらいたがります。手洗いの順序を徐々に教えて、清潔に保つ気持ちよさを伝えていきます。鼻水がでていると、1歳前半は気にせず平気でいることが多いのですが、1歳後半からは、鼻水がでると拭いてもらおうと教えにくるようになり、だんだんと自分で拭こうとするようになります。この時期は、かんだつもりになっていますが、まだ**鼻をかむ**ことはできず、「上手にふけたね」と声をかけ、仕上げをしてあげます。

2．2歳児の発達と保育の営み

1　身体の発達

　歩く、走る、跳ぶという基本的な運動機能が発達するため、自分のイメージどおりに体を動かせることが楽しく、歩き回ったり、跳びはねたりと、活動的になってくる時期です（図表4-3）。「速い―遅い」「強い―弱い」といった動きの違いがわかりはじめるので、走るスピードを速めたりゆるめたり、足踏みを強くしたり弱くしたり、自分の意思や大人の呼びかけで動きを調整できるようになります。言葉への理解が進むことで、大人の指示で「止まって」と言われれば、スムーズに止まれるようになります。

　手指の操作はさらに巧みになり、より細かな動作ができるようになります（図表4-4）。指先の力を加減することで、粘土を引っぱったり、ねじったり、変形させることができるようになり、おだんごやうどんなど、形のあるものをつくりはじめるようになります。小指の指先に力を入れ

◆ 補足
鼻をかむ
自分で鼻をかむようになるのは、2歳後半ごろ。まずは、鼻から息をだす練習をして、鼻の穴を片方ずつ押さえてかむように手を添えて教えていく。

◆ 補足
手指の操作
音や光の刺激に対応して、両手で「グーパーグーパー」が同時に行えるようになる。指を思いどおりに動かせることで、「言葉・リズム・体を動かす」が組み合わさった手遊び歌を好むようになる。

図表4-3 2歳児の足腰や腕の発達

足腰の発達によって	・ジャンプで障害物を跳び越える。 ・三輪車にまたがって、地面を蹴りながら進める。 
バランス感覚の発達によって	・つま先やかかとで立てる。 ・床に手をついて片足を上げる。 ・腰を曲げて落ちているものを拾う。 ・股の間からのぞく。 
腕の筋肉の発達によって	・鉄棒にぶら下がる。 ・ボールを上手で投げる。 

図表4-4 手指の発達（積み木）

1歳～1歳半	・3個以上積み重ねることができる。
1歳半～2歳	・4～5個積み重ねることができる。 ・積み木同士の向きをそろえるなど、整える作業もできるようになり、倒れそうなときは、予測して修正することもできる。 ・2歳近くになると、積み木を横に並べるようになる（これは、積むことよりも、難しい行為。なぜなら、横に並べるということは、どの方向へいくつ並べるかといった予想、想像をしなければできないため）。
2歳～2歳半	・5～8個程度積み重ねることができる。 ・積み上げたものを崩して、次に横に並べるなど、遊びが多彩に発展する時期。 ・横に並べた積み木を、乗り物や建物などに見立てて遊ぶようになる。
2歳半～3歳	・横に並べた積み木の中央に1個積んで家に見立てたり、横に並べた積み木の片側の端に1個積んでトラックに見立てるなど、一歩進んだ見立て遊びの構成もできる。

られるようになることで、瓶のふたを開ける、蛇口をひねる、ミカンの皮をむくといった動作も可能になってきます。2歳後半になると、人さし指と中指を立てて「Vサイン」ができるようになります。さらに、薬指を立てて「3つ」の形をつくることも可能になります。

クレヨンを使うと、指先の力が安定して力強い直線が描けるようになります。見本があれば、それをまねて直線が描けるようになり、さらに丸も描けるようになり、大きな丸の中に小さな丸を描くこともできるようになります。2歳半ごろには、丸の描き方がさらに上手になって、始点と終点が合った丸が描けるようになってきます。長短の線を交差させて、十字を描くこともできるようになります。

ハサミが使えるようになるのもこのころです。安全に使用できるように、ハサミを選ぶときは、穴がしっかり指にフィットして、刃先が丸いものにします。紙を切る前には、刃先を大きく開いたり閉じたりする練習をさせるようにし、実際に紙を切るときは、細長い紙の1回切りから始めます。刃先を人に向けないなど、安全な使い方を教えることも大切です。

2 心の発達

一般的に「イヤイヤ期」といわれる時期です。大人の提案に対して、「イヤ」だと反抗する場面が多くなってきます。「自分が決めたことをしたい」「自分を認めてほしい」「自分のしたいことは大人とは違う」という自立心が芽生えるためで、「自我の拡大」という成長過程です。順調に自我が育っている姿だといえるでしょう。「もっとちょうだい」「もっと～がしたい」といった言葉も聞かれるようになります。これは、自分のもの、自分の場所など、自分の領域を広げたいという思いが強くなってくるためです。自分のものへの執着が強くなり、気に入ったおもちゃを一人占めにする、ほかの子どもと分け合うことを拒否する、自分がすでにもっているおもちゃをさらに欲しがる、といったことがあったり、お菓子を配るように頼むと、自分の分を多くして、ほかの子には少なく分配したりする行動もみられるようになります。また、いつも自分が座るいすにほかの子どもが座っていると、自分の領域を侵害されたと感じて、激しく怒ることもあります。

3歳に近づくにつれ、自分中心の世界から、しだいに他者の存在を受け入れるようになる、「自我の充実」がみられはじめます。たとえば、お菓子の分配を頼まれると、これまでは、自分には多く、ほかの子どもには少なく分配していたのが、均等に分けられるようになります。足りない分は、自分の取り分から分け与えるようなこともできるようになっ

てきます。

　このころの自己主張に対しては、その気持ちを受け入れ、認めてあげることが大切です。たとえば、「お絵かきをしよう」という声かけに対して「イヤだ」と反抗するときには、「お絵かきをしようか？　それとも絵本を読む？」などと、子どもが選択できるようにします。そうすることで、子どもの「やることは自分で決めたい」という欲求が満たされます。

　着替えなどの生活習慣に関する「自分で」という主張には、手を貸さずに見守る姿勢をとります。しかし、まだ保育者の手を借りなくてはやりとげることができないこともあり、「できない」「手伝って」と甘えてくることもあります。自立と甘えの間で揺れ動く時期でもあるので、自立したいという思いを尊重しながら、甘えてきたら手を貸すなど、その子どもの様子を見極めながら必要な援助をしていきます。

3　言葉の発達

　1歳後半では30〜50語だった言葉の数が、2歳前後でおよそ300語と爆発的に増え、2歳半ごろには500語まで増えます。はじめは、「ワンワン」「ブーブー」などの名詞に動詞を組み合わせて、「ワンワン、いた」「ブーブー、ない」といった二語文*を話すようになります。子どもは、二語文で状況や気持ちを表現しようとするので、保育者は、子どもが何を伝えたいのかをくみとって、「ワンワンもお散歩してるね。かわいいね」など、二語文を補っていきます。子どもは、大人の語りかけをとおして言葉を覚えていきますが、このころには、絵本などにでてくる言葉を頻繁にまねするようにもなります。

　「長い—短い」「大きい—小さい」などの対の概念の発達によって、「ぞうさん、おおきい」「ながい、でんしゃ」というように、形容詞も使えるようになっていきます。さらに、「ちょっと」「いっぱい」などの副詞も使えるようになります。

　名詞、動詞、形容詞、副詞などを組み合わせた二語文を話せるようになると、自分の欲求を言葉で伝えられるようになるため、対話ができるようになります。また、「ご飯、食べる」と子どもが伝えてきたときに、保育者が「ご飯が食べたいのね」と助詞を入れて言い直したり、「おなかがすいたから、ご飯が食べたいのね」と状況を言葉にすることによって、さらに言語への理解が深まっていきます。

　大人の言葉への理解も進んできます。「お片づけしたら、お散歩へ行こうね」「手を洗ったら、おやつにしようね」という、2つの異なった

> ＊用語解説
> **二語文**
> 単語と単語を2つ組み合わせた文。2つの組み合わせで、意思を伝えようとする。

文章の関係がわかるようになります。言葉がコミュニケーションの手段として発達するだけではなく、考えたり、記憶したりするためにも使われるようになります。

2歳後半ごろになると、3語以上の言葉を使う多語文が話せるようになります。はじめは「××ちゃん、公園行った」「××ちゃん、ケーキ好き」など単語を並べる話し方ですが、しだいに「××ちゃん、公園に行ったよ」「××ちゃん、ケーキが好きなの」と助詞を入れた話し方ができるようになります。

見聞きしたことや、身の回りのことに、「これ、なに？」「あれ、なに？」と聞くことに加え、大人の言葉に、「なんで？」「どうして？」と質問するようになってきます。これを質問期といいます。「なんで？」「どうして？」と質問するようになると、ものごとの因果関係もわかるようになってきます。「いっぱい歩いたから、のどがかわいた」「ぶつけたから、ここ、いたいの」など、主節と従属節から成り立つ複文が使えるようになります。

言葉がはっきりせず、言い間違いも多い時期ですが、「違うよ。それは○○だよ」と、いきなり訂正するのではなく、まずは言葉を発したことを認め、さらりと正しい発音を伝えるようにします。

また、言いたいことに対して、適切な表現がみつからずに、「あのね、あのね」「えーとね、えーとね」と、なかなか言葉がでてこない子どももいます。保育者は、言おうとしていることを察しながら、最低限の言葉かけをして、子どもから言葉がでてくるのを待ち、先回りして言うことは避けます。何かを言いたそうに近づいてくる子どもには、「どうしたの？」と声をかけ、目を見ながら話を聞いてあげることが大切です。子どもは、話を聞いてもらった満足感で、さらに話すことへの関心を高めていきます。

4 人との関わり

目に見えないルールや決まりごとがわかるのもこの時期の特徴で、遊びや生活にルールがあることを理解しはじめます。それによって、ほかの子どもとおもちゃの貸し借りができるようになったり、順番を守れるようになったりしていきます。

2歳ごろは、複数の子どもが、同じ場所でそれぞれの遊びを楽しむ平行遊びの時期ですが、しだいに友だちと一緒に遊びたいという欲求をもつようになります。2歳後半になると、他者に目が向けられるようになることで、自分以外の人やものに興味をもちはじめます。「自分でしたい」という意識が強くなることで、大人がすることに興味をもち、まねをし

補足
この時期の言葉の発達
①「××ちゃん、欲しい」「××ちゃん、飲む」と、会話のなかに自分の名前を入れることで、要求をはっきりと示すことができるようになる。
②「先生がお散歩行くって」「ママがお迎えにくるって」というふうに、その場にいない人から聞いた言葉を伝えたり、「××ちゃんに、おもちゃ貸してって言って」など、話している相手に第三者への伝言を頼んだりするようにもなる。
③「おはようございます」「こんにちは」「さようなら」など、日常のあいさつができるようになるほか、自分の名前や年齢、家族の名前、保育所・幼稚園の名前などの情報も話せるようになる。時間の概念がわかるようになることで、「昨日」「今日」「今」「さっき」といった言葉が使えるようになる。

※ 用語解説
ごっこ遊び
ままごとやお店屋さんごっこなどの模倣遊び。身近な大人のまねや経験したことを再現する遊びを展開し、「いらっしゃいませ」「○○ください」など、簡単な言葉のやりとりを楽しむ。

たがることから、**ごっこ遊び**＊をするようになります。

友だちの名前を覚えて、呼び合う姿がみられるようになるのは、2歳後半からです。気の合う子や気になる子ができて、その子の様子をじっと見る、そばに寄る、同じ動きをとるといった行動で、もっと関わりたいという気持ちを表現するようになります。仲良くなると、一緒に行動して徐々に相手の気持ちがわかるようになっていき、その気持ちに合わせようとする姿もみられるようになってきます。

この時期は、保育者に「見てて」と声をかける様子が頻繁にみられるようになります。「怖いな。大丈夫かな」「できるかな。やめようかな」と期待と不安を同時にもっていることが多いものです。まずは、「先生が見てるよ」と安心させてから、子どもが一歩踏みだせる言葉や、前向きな言葉をかけていきます。また、上手にやり遂げて褒めてもらいたい、という気持ちの表れという場合もあり、そのときは子どもの様子を見守り、達成できたときは喜びを共有します。

5 生活習慣

2歳を過ぎれば、スプーンやフォークを上手に使えるようになります。スプーンを徐々にはしのもち方に近い握り方（移行もち）に変えていくことで（図表4-5）、早い子では、2歳後半ごろから、スプーンとはしを併用するようになります。それと同時に食器もうまく使えるように援助していくことが大切です。食べこぼしも多く、うまく食べられないと手づかみになることもありますが、介助は最小限に止め、一人で食べようとする意欲を見守ります。

食事のマナーも大切です。食事中に歩かない、口の中に食べ物を入れたままおしゃべりをしないように伝え、皆で食事をするときは、子どもたちが全員席に着くのを待って、「いただきます」のあいさつをしてか

図表4-5 スプーンのもち方

えんぴつの握り方のような「移行もち」に切り替える。
移行もちは、はしのもち方に近いので、3歳以降にはしへの切り替えがスムーズになる。
出典：鈴木洋・鈴木みゆき監修『ユーキャンの子どもの発達なんでも大百科』U-CAN、2016年をもとに作成

ら食べます。食べ終わったら「ごちそうさま」を言うなど、生活の場面であいさつをする姿を、保育者が見せていきましょう。

排泄のコントロールは、膀胱の括約筋の発達によって、しばらくの間、排尿を我慢できるようになります。はじめは、散歩前、食事前など一日の流れの節目に、保育者が「トイレに行こう」と誘います。尿意を感じたら、自分の意思でトイレに行けるように、子どもを導きます。トイレでの排泄回数が増えて、おむつを濡らさなくなったら、昼間の一定時間をパンツで過ごすようにしてみます。

「自分でやりたい」という思いが強くなることで、**衣服の着脱**にも意欲的に取り組むようになります。まだ時間がかかりますが、手をださずに見守ります。たとえば、おしりが引っかかってズボンがはけないでいるときに、さっと引き上げてあげるなど、うまくいかない場面では、さりげなく手助けをします。着脱を終えたら、「上手に着られたね」「一人でできたね」と声をかけ、自分でやり遂げたことを褒めます。子どもは「一人でできた」という達成感と満足感をもつことで、自立の心を育んでいきます。

この時期からは、遊んだものをきちんと片づける習慣を身につけていきます。積み木、ブロック、ごっこ遊びの道具など、収納する箱には、子どもがわかりやすいようにイラストや写真のシールを貼っておきます。箱はいつも決まった場所に置き、ままごとの食器や食べ物は隣り合わせにするなど、置き方にも工夫します。ものに執着がみられる時期なので、片づけの時間になってもおもちゃを手放すことを嫌がる子どももいますが、「じゃあ、もうちょっとだけ遊んだら、先生と一緒に片づけようね」など、子どもの気持ちを受け止めてから片づけへと誘導していきます。

> **補足**
> **着脱の自立**
> 着脱の自立には、脱ぎ着しやすい服を用意することも大切である。Tシャツは襟ぐりが大きく、伸縮性のある素材のもの、ズボンはゴムで上げ下げができるものがよい。

演習課題

① 0歳児の保育の配慮事項と、1〜2歳児の保育の配慮事項の違いを「保育所保育指針」を参考にまとめてみましょう。
② この時期の子どもが楽しめる絵本について、1歳児、2歳児それぞれにリストアップしてみましょう。
③ 1〜2歳児の発達に即した遊びを自分でまとめてみましょう。

レッスン5

乳児や家庭を取り巻く環境と子育て支援

今日の乳児や家庭を取り巻く環境は、複雑かつ多様化しています。少子化の進行には歯止めがかからず待機児童の問題も解消されていない状況です。子育て支援に求められる社会的役割は、ますます重要となっています。このレッスンでは、保育者が行う子育て支援について学んでいきます。

1. 乳児や家庭を取り巻く環境

1 乳児に対する保育需要の高まり

　核家族化の進行や共働き家庭の増加にともない、保育所等の保育施設を利用する乳児の数が年々増加するとともに、入所年齢も低年齢化しています。『厚生労働白書（平成25年版）』によれば、3歳未満の子どものうち、約4割は家庭で過ごしていますが、あとの約6割は、保育所等の施設を利用しています（図表5-1）。特に母親が仕事をしている場合は、

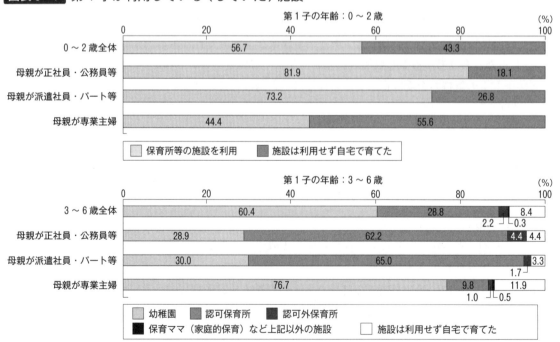

図表5-1　第1子が利用している（していた）施設

資料：明治安田生活福祉研究所「第7回結婚・出産に関する調査」
出典：厚生労働省『厚生労働白書（平成25年版）』をもとに作成

その約8割が保育所等の施設を利用しています。このように乳児に対する保育需要は高く、保育所等は重要な役割を担っています。

2 父親・母親それぞれの子育ての状況

保護者にとって、子どもの出生から小学校就学までは、子育てで最も大変な時期に感じられます（図表5-2）。子育てや家事のほとんどは母親が担っており、その負担感も高い状況にあります。『男女共同参画白書（平成28年版）』によれば、第1子出産前有職者のうち、出産後継続

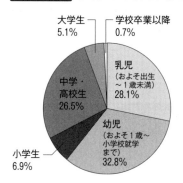

図表5-2 子育てで最も大変な時期

- 大学生 5.1%
- 学校卒業以降 0.7%
- 乳児（およそ出生～1歳未満）28.1%
- 中学・高校生 26.5%
- 幼児（およそ1歳～小学校就学まで）32.8%
- 小学生 6.9%

出典：図表5-1と同じ

図表5-3 子どもの出生年別第1子出産前後の妻の就業経歴

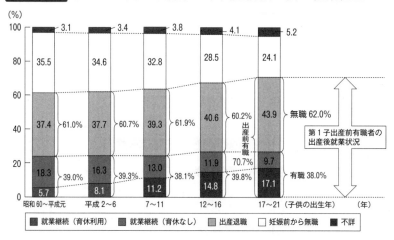

注1）国立社会保障・人口問題研究所「第14回出生動向基本調査（夫婦調査）」より作成。
　2）第1子が1歳以上15歳未満の子を持つ初婚どうし夫婦について集計。
　3）出産前後の就業経歴
　　　就業継続（育休利用）―妊娠判明時就業～育児休業取得～子供1歳時就業
　　　就業継続（育休なし）―妊娠判明時就業～育児休業取得なし～子供1歳時就業
　　　出産退職　　　　　　―妊娠判明時就業～子供1歳時無職
　　　妊娠前から無職　　　―妊娠判明時無職～子供1歳時無職
出典：内閣府男女共同参画局『男女共同参画白書（平成28年版）』をもとに作成

※用語解説
イクメン
厚生労働省は、2010年に男性の子育て参加や育児休業取得の促進等を目的としたイクメンプロジェクトを立ち上げた。「イクメンとは、子育てを楽しみ、自分自身も成長する男のこと」として、父親が積極的に子育てすることを推進している。

して就業する母親が4割近くいる一方で、約6割の母親が第1子出産後に退職しています。子育てのために退職を選択する母親が多いのです（図表5-3）。仕事も子育ても、どちらも可能となる社会の実現が求められています。

一方、「**イクメン***」という言葉に表されるように、最近では積極的に子育てに参加する父親が増えてきています。図表5-4に示すように、父親の子育ての参加状況は、「お風呂に入れる」74.3％、「遊び相手をする」73.4％であり、父親の4人に3人が子育てに参加して（参加した）います。

こうした背景には、父親が子育てに参加することを肯定的にとらえる意識の広がりがあると考えられます。しかし、「仕事に追われて、育児をする時間がとれないから」71.5％、「『育児は女性の仕事』と考えてい

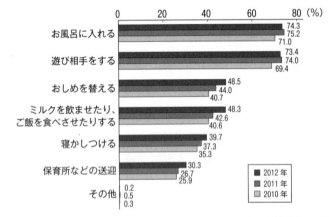

図表5-4　父親の育児参加状況

出典：一般社団法人中央調査社「父親の育児参加に関する世論調査（2012年）」をもとに作成

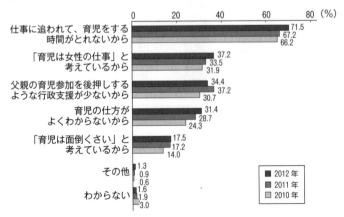

図表5-5　父親の子育て参加の割合が低い理由

出典：図表5-4と同じ

るから」37.2％、「父親の育児参加を後押しするような行政支援が少ないから」34.4％など、父親の子育てへの参加が進みにくい状況もうかがえます（図表5-5）。父親の子育てや家事の時間が増えると、第2子以降の生まれる割合が高くなる傾向が指摘されています[†1]。社会全体で父親が積極的に子育てに参加しやすいしくみをつくっていくことが必要です。

3 待機児童問題と「保活」

　保護者が子育てしながら仕事をするためには、保育所などへ子どもを預ける必要があります。しかし入園要件を満たし入園申し込みをしていても、認可保育所などに入園できない子どもがいます。こうした子どもを待機児童といい、深刻な社会問題となっています。特に都市部では1～2歳児の待機児童が多く、そのため保護者は、早い時期から保育所探しに翻弄されることになります。子どもを保育所などに入れるために保護者が行うこうした活動は、いわゆる「保活」といわれます。「『保活』の実態に関する調査の結果」をみると、2割近くの人が産前から「保活」を始めています（図表5-6）。「保活」の結果、どうにか認可保育所などに入園できた人は8割を超えていますが（図表5-7）、保護者は希望する保育所等に入園できるように、何か所も保育所見学に行ったり、何度も役所の担当窓口を訪ねたりしています（図表5-8）。「本当に仕事に復帰できるかわからないという不安がある」「産後直後の体力が回復していない時期から、授乳などが必要な乳幼児を連れて、何度も外出しなければならない」など、保護者にとって大きな負担となっています。

▶出典
[†1] 厚生労働省「第9回21世紀成年者縦断調査（国民の生活に関する継続調査）の概況」2012年

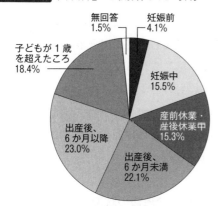

図表5-6 「保活」を開始した時期

出典：厚生労働省「『保活』の実態に関する調査の結果（2016年）」をもとに作成

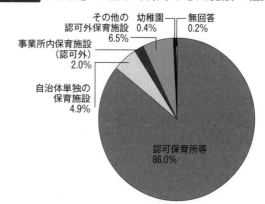

図表5-7 「保活」の結果（利用できた施設の種類）

出典：図表5-6と同じ

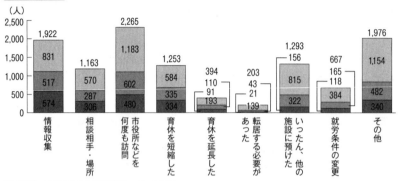

図表5-8 「保活」による苦労・負担の内容

注）苦労・負担の内容の無回答は、データ割愛。
出典：図表5-6と同じ

2. 保護者への子育て支援

1 「親になる」過程をともに歩む

　皆さんは、保護者が毎日、どのように感じながら子育てをしていると思いますか。図表5-9は、子どものいる既婚者と子どものいない既婚者それぞれに、「子どもは人生に豊かさを与えると思うか」について尋ねた結果を示しています。子どものいない既婚者よりも、子どものいる既婚者のほうが「はい」と答えた割合が高く、子どもを育てることによって、保護者自身の人生が豊かになると思うようになることがわかります。子育ては大変であり、うまくいかないと感じることも多いのですが、子育てをすることによって、保護者の人生が豊かに感じられるようにもなるのです。子育て支援では、子どもの福祉の実現とあわせて、子育てをとおして保護者自身の人生も豊かになっていくという、子育てに対する肯定的な視点を大切にします。

　親は、子どもが生まれても、すぐに「親」になれるわけではありません。特に最初の子育ては、親にとってはじめての出来事が多く、子どもの成長に対する驚きや発見の喜びが感じられる反面、思いどおりにならずとまどい、不安に思うことも多いものです。親は毎日の子育てをとおして、喜びやとまどいを繰り返し経験しながら、少しずつ「親」になっていくのです。次の事例では、きよしくんの母親のAさんが、出産後間もなくのころについて話してくれました。

インシデント① 出産後まもなくの母親の状況

　きよしのときは、実家に帰らせてもらえなかったんです。夫一人

レッスン5 乳児や家庭を取り巻く環境と子育て支援

図表5-9 「子どもがいることで豊かな人生を送ることができる」と考える人の割合

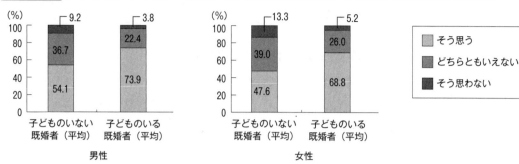

出典：内閣府『国民生活白書（平成17年版）』をもとに作成

だと大変でしょうって。

夕方になると、きよしをお風呂に入れるために実家の母が通ってきてくれたんです。おかずなんかも少しつくってくれて。そして帰っていくんです。はじめてだったので、ちょっとノイローゼ気味になりました。カラスの鳴き声でも「あー、赤ちゃんが泣いてる」って思ってしまって。

　出産直後の母親の身体は、**出産後の回復期**にあるため、子どもの沐浴や家事は身体的にかなりの負担になります。そのため、インシデント①では、Ａさんの実母が夕飯の準備などの手伝いに来てくれたことが述べられています。実母に対する感謝とともに、Ａさんにとってはじめての子育てがとても大変で、子どもが泣くことに過敏になっていた様子が伝わってきます。母親は、子どもがなぜ泣いているのか理由を考えながら対応することが必要です。しかし、子どもの泣く理由がいつもはっきりとわかるわけではありません。なぜ泣いているのかわからず、「子どもが不快な状態にあるのにそれを取り除くことができない。自分は母親として失格なのではないか」などと、子どもが泣くたびにつらく感じ、不安になったり自信をなくしたりする母親も少なくないのです。

　子どもが生まれることは、親にとって大きな喜びであると同時に、小さな命を守り育てていく大きな責任を背負っていくことでもあります。「親」になるとは、こうした責任を引き受け、子どもが大人になるまでずっと育てていく覚悟を決めるということでもあります。それまでに経験したことのない、親としてのさまざまな役割を担い、子育てをとおして喜びや難しさを経験しながら親自身も成長していくことが、「親」になる過程といえます。子育て支援とは、こうした親になる過程を親と一緒に歩み支えていく営みです。子育ての喜びや楽しさを親と分かち合いなが

◆補足
出産後の回復期
出産直後の母親の身体回復期は産褥期（さんじょくき）といい、子宮が収縮し、悪露（おろ）が排出されるとともに、後陣痛や会陰切開、帝王切開等による傷の痛みなどもある。母親の身体に過度な負担がかからないように、周囲のサポートが必要である。

ら、そして、子育ての難しさや大変さに共感しながら、子どもをともに育てていくことなのです。

2 保育所等における子育て支援

「保育所保育指針」で示されているように、保育所は、保育所を利用している保護者に対する子育て支援とともに、地域の保護者等に対する子育て支援を行っています[†2]。

▶出典
†2 「保育所保育指針」第1章1（1）「保育所の役割」ウ

> 保育所は、入所する子どもを保育するとともに、家庭や地域の様々な社会資源との連携を図りながら、入所する子どもの保護者に対する支援及び地域の子育て家庭に対する支援等を行う役割を担うものである。

①**保育所等を利用している保護者に対する子育て支援**

保育所等を利用している保護者に対する子育て支援では、まず保護者との相互理解をはかるよう努めていくことが重要です。家庭と保育所等が密接な連携をはかることによって、子どもの最善の利益を考慮し、子どもの福祉を重視した保護者支援を進めていくことができます。そのための方法や機会として、連絡帳や保護者へのおたより、園行事、個人相談、保護者会、送迎時の対話などのほか、保育参観や保育参加、ドキュメンテーション、ポートフォリオなどの活用があります。

1）保育参加

保育参加は、保護者が「お父さん先生」「お母さん先生」として、ふだんの保育に参加し、わが子やほかの子どもたちと一緒に過ごす活動です。保護者にとって、保育参加は、保育所等におけるわが子の姿を理解したり、わが子の育ちを実感したりする機会となります。また保育所等での給食やおやつの試食は、家庭での食事の参考にもなります。次に、こうした保育参加を体験した保護者の感想を紹介しましょう。

➕補足
保育参加
子どもの活動を見ることが中心の保育参観とは異なり、保護者がふだんの保育に「せんせい」として参加することを重視した活動である。

> **エピソード①　保育参加した保護者の感想**
>
> 　園でも元気に過ごす子どもの姿が見られて安心しました。ご飯も全部食べていたし、昼寝もしっかりしていました。保育に参加してみて、先生方の大変さがわかりました。立ったり座ったりすることが多くて、下半身が筋肉痛になってしまいました。

乳児はまだ言葉で伝えることが難しいので、保護者は、園での子ども

の様子を十分に知ることができず、心配に思うことがあります。エピソード①では、保育参加した保護者が、保育所での子どもの姿を実際に見ることができ、安心した様子がうかがえます。また保護者は「先生」として参加することで、保育への理解を深め、保育者の大変さに共感しています。

ほかにも、食育の一環として、保護者が子どもと一緒に給食やおやつを試食している保育所等もあります。

エピソード②　おやつを試食した保護者の感想
　薄味でおいしかったです。3時のおやつのゼリーもおいしかったです。家でも子どもたちにつくってあげたいと思います。

保護者は、給食やおやつを子どもと一緒に試食することによって、子どもに適した味付けや、手づくりおやつについて知ることができます。保護者からの希望によって、おやつのレシピを配布している園もあります。給食やおやつの試食をとおして、保護者は子どもの食事についての関心を高め、家庭での食事に生かしていくことができます。

2）ドキュメンテーションやポートフォリオの活用

保育所等での子どもの様子を保護者へ伝える方法として、**ドキュメンテーション**＊や**ポートフォリオ**＊（図表5-10）の活用があります。どちらも保育のなかで見せる子どもの活動や遊びを図や写真、映像に記録し、そこに保育者の目線でとらえた子ども理解を短い文章で添えると、保護者にとってわかりやすいようです。

図表5-10　ポートフォリオ

出典：松井剛太「保育所における保護者の保育参加を目指したポートフォリオの作成」『乳児教育学研究』(24)、2015年

＊用語解説

ドキュメンテーション
子どもの活動の記録を、図や写真・映像などを用いて記録し、それをもとに保育者が子どもの活動の意味を考えたり、保育の評価・改善につなげたりする。子どもにとっても、自分の活動の道筋をたどることができ、活動の意味を見つけることに役立つ。さらに保護者がそれを見ることによって、保育への理解を深められる。レッジョ・エミリアの乳幼児教育におけるドキュメンテーションがもとになっており、日本でもこれを取り入れた保育を行っている園がある。

ポートフォリオ
本来は「紙ばさみ、折かばん」「作品集」という意味である。保育では、一人ひとりの子どもの学びの様子や成果物を綴り、保育者の子ども理解の文章を添えて学びの過程をまとめたものをいう。

こうしたドキュメンテーションやポートフォリオをとおして、保護者は、保育所等での子どもの活動を理解するだけでなく、子どもの成長を実感したり、わが子に寄せられる保育者の愛情を感じることができます。さらにこのドキュメンテーションやポートフォリオを保護者が家へ持ち帰れると、祖父母やきょうだいと一緒に見たり、保護者が一言書き加えたりすることもできます。子どもは自分ができるようになったことを家族みんなで話せたり、親も、家族で成長の喜びを共有することができるのです。「子どもの成長を家族みんなで喜べるようになった」など、保護者の子どもに対する見方や関わり方の変化を促すようです。

3）不適切な養育等が疑われる家庭への支援

少子化や核家族化が進み、地域とのつながりが希薄になるなかで、子育てが孤立化していたり、子どもへの適切な関わり方や育て方がわからず、相談や助言を必要としている保護者がいます。そうした保護者には、子どもと保護者の関係に配慮しつつ、市町村などのほかの機関と連携して対応することが大切です。また虐待等が疑われる場合には、すみやかに市町村または児童相談所へ通告し、関係機関と連携・協働していくことが求められます。いずれの場合にも保育所等の施設長や主任保育者等と役割分担しながら、施設全体で対応していくようにしましょう。虐待に関する事実関係はできるだけ具体的に記録しておくと、ほかの機関と情報共有がしやすくなります。なお児童虐待に関して通告することは、守秘義務違反にはなりません。

②地域の保護者等に対する子育て支援

次に、地域の保護者等に対する子育て支援についてみていきましょう。「保育所保育指針」には、保育所を利用していない地域の保護者等に対する子育て支援について、以下のように示されています[3]。

▶出典
[3]「保育所保育指針」第4章3「地域の保護者等に対する子育て支援」

（1）地域に開かれた子育て支援
ア　保育所は、児童福祉法第48条の4の規定に基づき、その行う保育に支障がない限りにおいて、地域の実情や当該保育所の体制等を踏まえ、地域の保護者等に対して、保育所保育の専門性を生かした子育て支援を積極的に行うよう努めること。
イ　地域の子どもに対する一時預かり事業などの活動を行う際には、一人一人の子どもの心身の状態などを考慮するとともに、日常の保育との関連に配慮するなど、柔軟に活動を展開できるようにすること。
（2）地域の関係機関等との連携

> ア　市町村の支援を得て、地域の関係機関等との積極的な連携及び協働を図るとともに、子育て支援に関する地域の人材と積極的に連携を図るよう努めること。
> イ　地域の要保護児童への対応など、地域の子どもを巡る諸課題に対し、要保護児童対策地域協議会など関係機関等と連携及び協力して取り組むよう努めること。

　保育所等には、子どもの保育や教育に適した施設・園庭等が整備されており、それを地域の保護者等へ開放することによって、子どもが安全で主体的に活動できる環境を提供しています。また保育者が一人ひとりの子どもや保護者の状況に応じて、子育てについて具体的に助言したり、子どもとの関わり方のモデルとなったりして、保護者の子育てへの負担感や不安を軽減しています。特別な支援が必要な家庭へは、ほかの専門機関との連携も含めて、必要な支援を行っています。そのほか、子育て支援を行うにあたっては、地域で活動しているさまざまな人材と積極的に連携していくことが必要です。地域のもつ子育て力を高め、地域全体で子どもの健全な育ちを見守り、育んでいくためには、保育所等の果たす役割はますます重要なものとなっています。

3. 地域子ども・子育て支援事業

　子ども・子育て支援新制度には、地域の子育て家庭に対する支援事業として、**地域子ども・子育て支援事業**があります。この事業では、地域の子育て支援を目的に、親子のニーズに沿った多様な事業を行っています。ここでは、利用者支援事業や**地域子育て支援拠点事業**、一時預かり事業、延長保育事業について紹介します。

1　利用者支援事業

　少子化の進行にともない、子育てしやすい社会を目指して、さまざまな場所で多様な子育て支援が展開されるようになりました。しかし一方で、どこでどのような支援を行っているのか、どこへ問い合わせればよいのかなど、保護者が住んでいる地域に密着した子育て情報を知りたいときがあります。そうしたときに、利用者支援事業では、保護者がニーズに合った施設や事業を円滑に利用できるように、子育てに関するさまざまな情報を紹介しています。

◆補足

子ども・子育て支援新制度
2015(平成27)年4月より本格的に実施となった制度である。子育てを社会全体で支えることをスローガンに掲げ、乳幼児期の教育・保育、地域の子育て支援の充実を図ることを目的としている。

地域子ども・子育て支援事業
次のような事業がある。
・利用者支援事業
・地域子育て支援拠点事業
・妊婦健康診査
・乳児家庭全戸訪問事業
・養育支援訪問事業
・子どもを守る地域ネットワーク機能強化事業（その他要保護児童等の支援に資する事業）
・子育て短期支援事業
・ファミリー・サポート・センター事業（子育て援助活動支援事業）
・一時預かり事業
・延長保育事業
・病児保育事業
・放課後児童クラブ（放課後児童健全育成事業）
・実費徴収に係る補足給付を行う事業
・多様な主体が本制度に参入することを促進するための事業

地域子育て支援拠点事業
機能によって一般型と連携型および地域機能強化型がある。地域子育て支援拠点事業は、公共施設や保育所、商店街やマンションの空きスペースなど身近な場所に設置されているほか、児童福祉施設等でも行われている。

市町村に利用者支援専門職員が配置され、子ども・子育て支援に関わる施設や事業と連携し、保護者の問い合わせにすぐに応じられるしくみになっています。

2　地域子育て支援拠点事業

　地域子育て支援拠点事業では、地域の子育て家庭を対象とした子育て相談、子育てに関する情報提供、子育てや子育て支援に関する講習などを行っています。また、親子の交流の場を提供して保護者間の交流を促進することで、保護者同士の支え合いによる子育ての負担感や不安の軽減、また、子育てへの自信を得るなどの子育て力向上をはかっています。

　地域子育て支援拠点は、保護者がいつでも気軽に利用することができます。そのため、保護者にとっては、専門の職員に相談しやすい場所となっています。たとえば子どもの発達に関する悩みなどについて、保健センターや病院では不安が的中してしまうのではないかと相談をためらう保護者も、地域子育て支援拠点の職員には相談しやすいようです。地域子育て支援拠点が、親子への支援の入り口になることもあり、親子にとって身近で親しみやすい頼れる場所となっています。

3　一時預かり事業

　一時預かり事業は、地域子ども・子育て支援事業の一つであり、地域の子どもや子育て家庭を対象としています。子ども・子育て支援新制度の実施により、それ以前の一時預かり事業が再編され、保育所や幼保連携型認定こども園、幼稚園、地域子育て支援拠点等で行われるようになりました。保護者の通院や社会参加、育児負担を軽減するためなどの理由により、一時的に乳幼児を預かり保育します。

　一時預かりの子どもが、毎日通所している子どもと一緒に活動する保育所等もありますが、一時預かりの子ども専用の保育室が用意され、専任の保育者が保育する保育所等もあります。どちらにおいても一時預かりを利用する一人ひとりの子どもの心身の状態に十分配慮して、保育することが大切です。子どもにとっては慣れない場所ですが、家庭と同じように安心してくつろいで過ごすことができるようにします。

　一時預かり事業を利用する保護者のなかには、精神疾患を抱えていたり、育児困難な状態になっていたりする保護者もいます。一時預かり事業の利用をきっかけに、ほかの専門機関の支援につながることや、児童虐待の防止となることもあり、一時預かり事業に求められる役割は大きいといえます。

4 延長保育事業

　延長保育事業は、子ども・子育て支援新制度では、地域子ども・子育て支援事業の一つに位置づけられています。保育所等において通常の保育時間以外の時間に保育することをいいます。保護者の就労形態が多様になり、通常の利用時間だけでは保護者のニーズにこたえられないことが多くなっており、保育時間を延長し保護者が安心して子どもを預けられるようにしています。

4. 保護者の視点から保護者同士の交流を考える

　以上みてきたように、保育所や認定こども園などの集団保育施設に限らず、地域子育て支援拠点などにおいても、保護者同士の交流の場が提供され、その交流の促進がはかられています。一方で、支援する側の保育者は、利用する当事者の視点に立つことを大切にしたいものです。保護者同士が子育て支援の場で出会い交流することは、保護者の視点に立つと、どのような意味をもつのでしょうか。ここからは、子育て支援の利用者の多くを占める母親の視点から、母親同士の交流についてみていきましょう。

1 母親の子育てを取り巻くネットワーク

　母親は、さまざまな人と社会的つながり（ネットワーク）をもちながら、子育てをしています。**大豆生田**[*]によれば、子育てを取り巻くネットワークには「子育て支援ネットワーク」と「子育てネットワーク」があります。「子育て支援ネットワーク」が、子育てに関する支援機関や行政などのネットワークをいうのに対して、「子育てネットワーク」は、特に子育てに関するパーソナルなネットワークのことをいいます。「子育てネットワーク」には、母親の実父母・夫・きょうだい・友人・知人などが含まれており、母親にとってとても身近で重要なネットワークです。「第5回全国家庭動向調査（2014年）」（国立社会保障・人口問題研究所）によると（図表5-11、5-12）、母親は親（子どもにとっての祖父母）には「夫婦間で問題があるときの相談」や「母親が働きに出るときの子どもの世話」をしてもらい、夫には「自分が病気のときの子どもの世話」や「子どもの教育・進路を決めるときの相談」をしています。また近所の人や職場の同僚・友人には「出産や育児で困ったときの相談」や「夫婦間で問題があるときの相談」をしています。このように母親は、周囲の人からさ

人物
大豆生田啓友
1965年～
玉川大学大学院教育学研究科教授。幼児教育学を専門とし、幼児教育や保育、子育て支援に関して実践研究を行っている。

第2章 3歳未満児の発達と保育

図表5-11 精神的サポートの最も重要な支援提供者

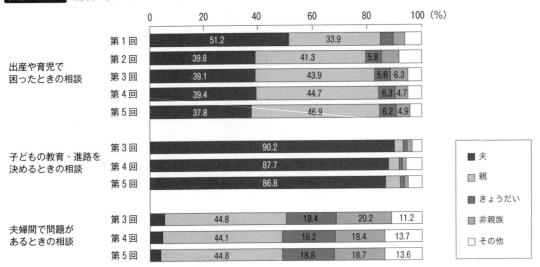

注1）年齢が70歳未満で子どものいる妻について集計。
　2）「非親族」には「近所の人」や「職場の同僚・友人」などが含まれる。
出典：国立社会保障・人口問題研究所「第5回全国家庭動向調査」2014年をもとに作成

図表5-12 世話的サポート（長期的な世話）の最も重要な支援提供者

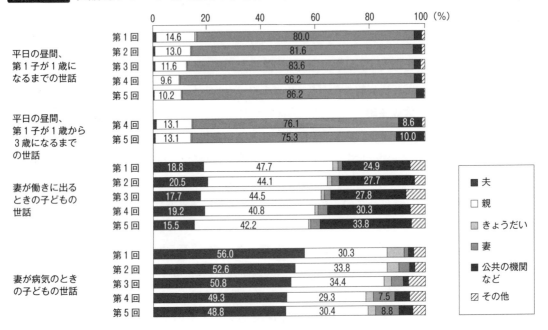

注1）年齢が70歳未満で子どものいる妻について集計。
　2）「公共の機関など」はそのほとんどが「保育所（保育士）」である。
出典：図表5-11と同じ

まざまなサポートを得ながら子育てを行っています。

第1子の出産や子育てを機に退職する母親が多い一方で、育児休暇を取得して仕事を一定期間休んだあと、職場に復帰して仕事を続ける母親もいます。どちらにしても出産や子育ては、母親の人生に大きな影響を与えます。同様に、母親の友人関係も、出産や子育ての影響を受けます。

図表5-13は退職して専業主婦となった母親の**ママ友**[*]ネットワークであり、図表5-14は育児休暇を取得しながら仕事を継続している母親のママ友ネットワークを示しています。たとえば出産や子育てで退職したり、育児休暇期間に入ったりすると、それ以前の職場の友人関係は途切れやすくなったり、連絡をとることが少なくなったりして、友人関係が希薄になる時期があります。この理由はいくつか考えられます。①出産後は子ども中心の生活に一変し、母親は、子どもの授乳や睡眠リズムに合わせて生活することになるため。②子どもの世話で、夜間に外出することが難しくなり、外出するには誰かに子どもの世話を頼まなければならなくなるため。③母親は子育てに関心が高くなることで、職場の友

✳ 用語解説

ママ友
子育てを通じた母親の友人を指す。母親は、「気が合う」など自分と似ているだけでなく、「自分の子どもと同年齢の子どもがいる」など、子育ての経験や子育ての状況が似ている相手を求める。

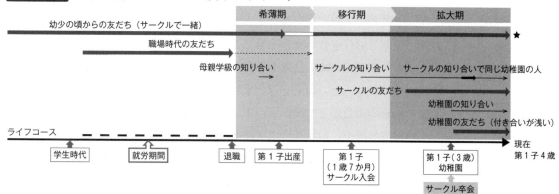

図表5-13 専業主婦Bさんのママ友ネットワーク

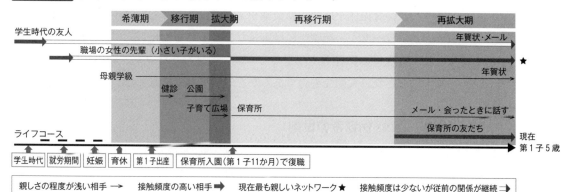

図表5-14 仕事をしているCさんのママ友ネットワーク

注1）線の太さは親しさを表す。
　2）矢印の本数は人数を表すものではなく、ネットワークの数を表す。

人との共通の話題が少なくなるため。このほかにも子どもが幼く、子どもを連れて外出できないなど、母親の出産後間もない時期は、友人付き合いが希薄になりやすいのです。

やがて子どもを連れて外出できるようになると、母親は、友人を求めて近くの公園や子育て支援施設へ出かけるようになります。そこで同じように子育てをしているほかの母親と知り合い、ママ友となっていきます。図表5-13および図表5-14をみると、子どもが成長するにつれて、ママ友とのネットワークを示す矢印の線が増えていくのがわかります。これは、ママ友のネットワークが広がっていくことを示しています。母親にとっては、友人関係が希薄になっていた時期を過ぎて、新たにママ友と出会い、さまざまなママ友とのつながりが生まれ、拡大していく時期に入ります（たとえばBさんの場合は、拡大期には親しいママ友との交流を示す太い矢印が3本と、付き合いは浅いが交流していることを示す細い矢印が2本に増えています）。この時期の母親は、子育ての話題を共有し、共感できる相手を必要としています。そのため母親同士は、子育てについての情報交換だけでなく、子育てをしている仲間として、互いの子育てについて話すことにより、子育てへの自信を得て、前向きな気持ちで子育てに向き合えるようになっていきます。母親にとって、ママ友との付き合いは、子育ての楽しみの一つともなります。母親は子どもを連れて一緒に公園や子育て支援施設、買い物や子育てサークルに出かけたり、互いの家を行き来したりして交流しています。こうした母親同士の出会いと交流の場の多くが、まさに保育所や認定こども園などの保育施設や、地域子育て支援拠点などの子育て支援施設となっています。

一方で、図表5-14から、特に仕事をしている母親の場合は、仕事に復帰したことによって、育児休業期間中に交流していたママ友とのネットワークが中断しやすいことがわかります（たとえばCさんの場合は、育児休業期間中に公園や子育て広場などで出会ったママ友とのネットワークが、復職後には継続しませんでした）。こうした母親にとって、復職後の保育所や認定こども園での新たなママ友との出会いや交流が、どんなに大切なものであるかを理解できるでしょう。

2 保育者の役割

保育所や認定こども園などでは、気の合わない相手とも付き合わなければならず、葛藤を感じている母親もいます。

インシデント②　母親同士の付き合いにおける葛藤

　子どもが何かしたら、それこそ減点じゃないですけれど、「また○○さんとこの子どもにやられた」って言われると、こちらも傷つきます。でも、そう言われたら「ごめんなさいして」って子どもに言うじゃないですか。子どもを迎えに行っても、そのお母さんには、ほかのお母さんと同じようには話しかけられないというか、気をつかってしまいます。

　保育所や認定こども園、地域子育て支援拠点などは、母親同士の出会いの場となっていますが、子ども同士のいざこざが母親同士のトラブルにつながることもあります。子育て支援では、親子が利用してよかったと思えるように、保護者同士をていねいにつないでいくきめ細やかな対応とともに、ママ友との付き合いに関する相談に応じたり、助言したりするなどの支援も求められます。

　子育て支援では、保護者が子育てを自ら実践する力を高めていくことが大切です。母親が豊かなママ友ネットワークを形成し、ママ友ネットワークがもつ母親の子育てを支える機能を生かすためにも、ママ友との出会いや人間関係を支援していくことが必要なのです。子育てをとおして出会ったママ友同士が、生涯にわたる大切な友人となることもあります。私たち保育者は、保護者にとって大切な場に居合わせていることを、心にとめておきたいものです。

演習課題

①子育て中の保護者に、子育てについて話を聞いてみましょう。子どもの成長の喜びを感じられるのはどんなときでしょうか。また、子育てが大変に感じられるのはどんなときでしょうか。
②地域の子育て支援施設へ行き、利用している保護者に、利用するようになった目的や、利用してよかったと思うことについて、聞いてみましょう。
③子育て支援を行っている保育者に、どのようなことに留意して支援しているのかを聞いてみましょう。子育て支援を行うなかで、どのような喜びや難しさがあるでしょうか。また、それにどのように対処しているでしょうか。

レッスン**6**

さまざまな施設と乳児の保育

現在、満3歳未満児では、保育所や認定こども園、乳児院に限らず、小規模保育や家庭的保育などで、子どもや保護者のニーズに応じたさまざまな保育が行われるようになっています。このレッスンでは、それぞれの施設において、どのような特徴を生かした保育が行われているかを学びましょう。

1. 保育所での保育

1 保育所の役割

　保育所は児童福祉施設の一つであり、「児童福祉法」第39条第1項に「保育を必要とする乳児・幼児を日々保護者の下から通わせて保育を行うことを目的とする施設」と規定されています。少子化の進行とともに、共働き家庭やひとり親家庭が年々増加するなかで、保育所に求められる役割はますます多くなっています。最近では、入所要件を満たしているにもかかわらず、保育所に入園できない待機児童が、大きな社会問題となっています。国は待機児童問題の解消のために、新たに保育所を設置するための補助金の導入や、保育所の設置要件の緩和など、さまざまな対策を行ってきました。しかし、十分とはいえない状況が続いています。

　こうした待機児童対策の一環として、2015（平成27）年4月から施行された子ども・子育て支援新制度では、新たに地域型保育事業が実施されるようになりました。この地域型保育事業では、小規模保育や家庭的保育等として、満3歳未満の子どもの保育を行います。保育所や幼稚園、認定こども園には、これらの小規模保育施設や家庭的保育施設等の連携施設となることが求められるようになっています。具体的には、小規模保育施設等は3歳未満の子どもが利用する施設であるため、3歳以降での「卒園後の受け皿」になること、小規模保育施設等に対する相談や助言等の「保育内容の支援」、そして小規模保育施設等の職員が病気や休暇等で保育ができないときの「代替保育の提供」です。これら3つの要件が、連携施設である保育所等に求められます。

　保育所は、「保育所保育指針」に基づく養護と教育が一体となった保育が行われ、子どもが主体的に生活する場です。「保育所保育指針」では、養護とは「子どもの生命の保持及び情緒の安定を図るために保育士等が

行う援助や関わり」であり、「保育所における保育全体を通じて、養護に関するねらい及び内容を踏まえた保育が展開されなければならない」としています[†1]。また教育については「子どもが健やかに成長し、その活動がより豊かに展開されるための発達の援助である」としています[†2]。すなわち、保育所等では、子どもが心身ともに健やかに成長するとともに、保育者や友だち等との安定した関わりのなかで、子ども自らが環境に働きかけながらさまざまな遊びをとおして学んでいくことを大切にしています。

2 保育所等での満3歳未満児の生活

保育所等では、0歳から小学校就学前までの20人以上の子どもを保育することを基本としています。子どもや保護者にとっては、最長で6年間、一貫した**全体的な計画**のなかで、就学まで同じ保育所等を利用することが可能であり、見通しをもって生活できる安心感があります。また、子どもの月年齢に応じた**デイリープログラム**があり、一人ひとりの子どもに合わせた保育が行われ、子どもが安定した生活を送れるように配慮されています。

保育所等は、年齢別クラス編成となっているところが多く、複数の保育者による保育が一般的です。特に乳児の保育に担当制または柔軟な形での担当制を導入している保育所等も増えてきています。「保育所における低年齢児の保育に関する調査研究報告書」（日本保育協会、2012年）によれば、担当制または柔軟な形での担当制による保育を実施している保育所は、全体の4割を超えています。

担当制は、子どもにとっては、いつも同じ保育者が関わってくれる安心感があり、保育者に対する愛着を形成しやすいというよさがあります。子どもが特定の大人との愛着を形成することは、そこを心の拠り所として探索活動を行い、友だちとの関わりを広げていくうえで、とても重要な意味があります。また保育者にとっては、子どもの体調の変化に気づきやすいことに加えて、日々の子どもの小さな育ちもすぐに感じとれるなどのよさがあります。子どもの状態に敏感に対応できることによって、子どもの病気の重症化を防いだり、事故を未然に防止したりすることができます。さらに保護者にとっても、いつも同じ保育者が子どもをみてくれているという安心感があります。保育は、子どもを中心に、保護者と保育者が協働して行っていくものです。その基盤となる保護者との信頼関係のつくりやすさも、担当制のよさであるといえます。

次の事例は、担当制を採用している保育所での食事の様子です。保育

▶出典

[†1]「保育所保育指針」第1章2（1）「養護の理念」

[†2]「保育所保育指針」第2章「保育の内容」

◆補足

全体的な計画
全体的な計画は、「保育所保育指針」第1章3「保育の計画及び評価」に示されるように、保育所保育の全体像を示すものである。各保育所の保育方針や目標に基づき、子どもの発達過程を踏まえて、保育の内容が保育所生活の全体をとおして総合的に展開されるよう、計画が作成される。その際、子どもや家庭の状況、地域の実態や保育時間などを考慮することが求められる。

デイリープログラム
子どもが月齢に合った健康的な生活（食事や排泄、睡眠など）を送るための一日の保育の時間的な流れを示したもの。

者が、子ども一人ひとりのニーズに応じて、ていねいに対応している様子がわかります。

エピソード　担当制による食事（写真6-1）
　保育者が給食の準備を始めると、担当の子どもたちがその様子を見て、「そろそろご飯の時間かな」と自分から玩具の片づけを始めます。テーブルには、食事用のテーブルクロスがかけられ、いつもの決まった席で子どもが落ち着いて食事ができるように整えられます。子どもたちは、保育者の援助を受けながら、それぞれのペースで楽しく和やかに食事を始めます。おなかがすいたのか、上手にスプーンを使って自分でどんどん口に入れる子どもたち。入園してひと月足らずですが、落ち着いて食事ができるようになりました。担当の保育者は、それぞれの子どもの食事のペースや好き嫌いを十分に把握しており、その日の子どもの食事の進み具合から、子どもの体調や心の状態を確認します。

　乳児期は、とりわけ子ども一人ひとりのペースに合わせた保育者のていねいな関わりが求められる時期です。担当の保育者が関わることによって、子どもが安心して食事ができるなど、心地よい生活が送れるように配慮します。

☑ **法令チェック**
「児童福祉施設の設備及び運営に関する基準」第32条

　また、保育所には「**児童福祉施設の設備及び運営に関する基準**」第32条で示されるように、乳児室やほふく室などの設置が必要とされているほか、調乳に適した衛生的な設備や沐浴のための場所など、乳児の保育を行うにあたって、安全で衛生的な場所が用意されています。このように、乳児に適した生活環境が十分に配慮され整えられているのも、保育

写真6-1 担当制による保育所での食事の様子

所のもつ専門性の一つといえるでしょう。

　さらに保育所には、就労する保護者への支援体制が整えられているため、保護者が安心して子どもを預けられるようになっています。たとえば、ある保育所では、入園時に、保護者の手づくりのセーター人形を用意してもらっているそうです（写真6-2）。この人形には、「これから始まる保育所での生活が、わが子にとって楽しいものになりますように」との保護者の願いが込められています。保育者によれば、入園当初の子どもの不安な気持ちを和らげてくれる大事な人形であり、この人形を抱っこしながら午睡する子どもや、さびしくなったときに抱っこしている子どもがいるそうです。そのためこの人形は、子どもが卒園する日まで、子どもがいつでも自由に手に取れる場所に大切に置かれています。言い換えれば、手づくり人形は、保育所生活に対する子どもと保護者の不安をやわらげ、安心して新しい生活をスタートできるようにと配慮した、保育所のつくった小さな仕掛けともいえます。

3　延長保育事業の実施

　延長保育事業とは、保護者の多様な就労形態に柔軟に対応するため、通常の利用日および時間以外に保育するものです。現在、多くの保育所等において延長保育が実施されており、保護者には就労しやすい環境が整えられつつある一方で、保育の長時間化が指摘されています。乳児が一日の大半を保育所等で生活することから、子どもが家庭にいるときのようにくつろいで過ごせる場所を確保するなど、子どもにとって負担の少ない快適な保育環境と、一人ひとりの子どものニーズに応じた保育者のていねいな関わりが、より一層求められるようになっています。

　なお、子ども・子育て支援新制度における延長保育事業は、保育所の

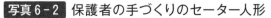
写真6-2　保護者の手づくりのセーター人形

ほかに、認定こども園や地域型保育事業施設等のさまざまな場所で実施されるようになっています。

2. 認定こども園での保育

1 認定こども園の役割

認定こども園は、幼稚園と保育所の機能をあわせもち、短時間利用の子どもと長時間利用の子どもがともに生活する場であり、「教育」と「保育」が一体的に行われています（図表6-1）。また地域の子育て家庭を対象とした子育て支援も行っています。子ども・子育て支援新制度では、図表6-2のように、子どもの**保育の必要性**＊によって、市町村が認定を行い（1号認定・2号認定・3号認定）、利用する施設が決まります。認定こども園での満3歳未満児の保育は、「保育を必要とする0歳～満3歳未満」の子ども（3号認定）に該当します。一方、満3歳以上の子どもの場合、認定こども園では、保育を必要としない子ども（1号認定）と保育を必要とする子ども（2号認定）のどちらも、保育を受けること

※ **用語解説**
保育の必要性
保育の必要性の認定にあたっては、国は、以下の認定基準を策定している（内閣府「保育の必要性の認定について」）。
①「事由」：保護者の労働または疾病など。
②「区分」：長時間認定（「長時間」）または短時間認定（「短時間」）の区分（保育必要量）。
③「優先利用」：ひとり親家庭や虐待のおそれのある子ども等。

図表6-1 幼稚園・保育所・認定こども園・地域型保育の位置づけ

幼稚園 （満3歳～5歳）	小学校以降の教育の基礎を培うための幼児教育を行う学校
保育所 （0～5歳）	就労などのため家庭で保育のできない保護者に代わって保育する施設
認定こども園 （0～5歳）	幼稚園と保育所の機能や特長をあわせもち、地域の子育て支援も行う施設
地域型保育 （0～2歳）	保育所（原則20人以上）より少人数の単位で、0～2歳の子どもを保育する事業 小規模保育、事業所内保育、家庭的保育（保育ママ）、居宅訪問型保育がある。

出典：内閣府・文部科学省・厚生労働省「子ども・子育て支援新制度 なるほどBOOK（平成28年4月改訂版）」をもとに作成

図表6-2 3つの認定区分

教育標準時間（1号認定）	保育（2号認定）	保育（3号認定）
満3歳以上で教育を希望する場合 【利用先】幼稚園、認定こども園	満3歳以上で保育の必要な事由に該当し、保育所等での保育を希望する場合 【利用先】保育所、認定こども園	満3歳未満で保育の必要な事由に該当し、保育所等での保育を希望する場合 【利用先】保育所、認定こども園、地域型保育

出典：図表6-1と同じ

図表6-3 認定こども園4類型の比較

	幼保連携型 認定こども園	幼稚園型 認定こども園	保育所型 認定こども園	地方裁量型 認定こども園
法的性格	学校かつ 児童福祉施設	学校 (幼稚園＋保育所機能)	児童福祉施設 (保育所＋幼稚園機能)	幼稚園機能＋保育所機能
設置主体	国、自治体、学校法人、 社会福祉法人 注1)	国、自治体、学校法人	制限なし	制限なし
職員の要件	保育教諭 注2) (幼稚園教諭＋保育士資格)	満3歳以上→ 両免許・資格の併有が望ましいが、いずれかでも可 満3歳未満→ 保育士資格が必要	満3歳以上→ 両免許・資格の併有が望ましいが、いずれかでも可 ※ただし、教育相当時間以外の保育に従事する場合は、保育士資格が必要 満3歳未満→ 保育士資格が必要	満3歳以上→ 両免許・資格の併有が望ましいが、いずれかでも可 満3歳未満→ 保育士資格が必要
給食の提供	2・3号認定の子どもに対する食事の提供義務 自園調理が原則・調理室の設置義務(満3歳以上は、外部搬入可)	2・3号認定の子どもに対する食事の提供義務 自園調理が原則・調理室の設置義務(満3歳以上は、外部搬入可) ※ただし、参酌基準のため、各都道府県の条例等により、異なる場合がある。	2・3号認定の子どもに対する食事の提供義務 自園調理が原則・調理室の設置義務(満3歳以上は、外部搬入可)	2・3号認定の子どもに対する食事の提供義務 自園調理が原則・調理室の設置義務(満3歳以上は、外部搬入可) ※ただし、参酌基準のため、各都道府県の条例等により、異なる場合がある。
開園日・開園時間	11時間開園、土曜日の開園が原則(弾力運用可)	地域の実情に応じて設定	11時間開園、土曜日の開園が原則(弾力運用可)	地域の実情に応じて設定

注1)「学校教育法」附則第6条、園の設置者(宗教法人立、個人立等)も、一定の要件のもと、設置主体になることができる経過措置を設けている。
　2)幼稚園教諭免許または保育士資格のどちらか一方しか有していない者は、新制度施行後5年間に限り、保育教諭となることができる。
出典：内閣府・文部科学省・厚生労働省「子ども・子育て支援新制度ハンドブック　施設・事業者向け(平成27年7月改訂版)」をもとに作成

ができます。
　このような施設があるため保護者の退職や妊娠等にかかわらず、子どもは、乳児期から就学まで継続して同じ園へ通園することができます。

2　認定こども園の満3歳未満児の保育

　認定こども園で実施される満3歳未満児の保育は、保育所と同様に施設設備や職員の配置等の基準が定められています。認定こども園には、「幼保連携型」「幼稚園型」「保育所型」「地方裁量型」の4つのタイプがあります(図表6-3)。なかでも幼保連携型認定こども園(写真6-3)は、次のように「児童福祉法」第39条の2第1項にその目的が示されています。

> 　幼保連携型認定こども園は、義務教育及びその後の教育の基礎を培うものとしての満3歳以上の幼児に対する教育（教育基本法（平成18年法律第120号）第6条第1項に規定する法律に定める学校において行われる教育をいう。）及び保育を必要とする乳児・幼児に対する保育を一体的に行い、これらの乳児又は幼児の健やかな成長が図られるよう適当な環境を与えて、その心身の発達を助長することを目的とする施設とする。

　また幼保連携型認定こども園の教育・保育の内容は、「幼保連携型認定こども園教育・保育要領」に示されています[3]。ここには、満3歳未満児の保育について、特に健康、安全、発達の確保を十分にはかることや個人差に配慮することが必要であると示されています。3歳未満児は疾病に対する抵抗力が弱く、感染症などにかかると重症化しやすいため、常に清潔で衛生的な保育環境を整えることが必要です。また、子どもが情緒的な安定のもと、心身ともに健全に発育・発達していくためには、**特定の保育教諭**等の応答的な関わりが欠かせません。子どもが生きていく基盤となることを十分に認識して、保育していくことが求められます。なお幼保連携型認定こども園の保育教諭は、幼稚園教員免許状と保育士資格を併有していることが必要です。

▶出典
[3]「幼保連携型認定こども園教育・保育要領」第2章第4「教育及び保育の実施に関する配慮事項」

✦補足
特定の保育教諭
乳児は、身近にいる特定の保育教諭から愛情豊かに受容され応答される経験を積み重ねることによって、保育教諭への愛着を形成する。これが人に対する信頼感の基盤となる。

写真6-3 幼保連携型認定こども園

広々とした3歳未満児専用の園庭

3. 乳児院での養育

1 乳児院の役割

　乳児院については、「児童福祉法」第37条に「乳児院は、乳児（保健上、安定した生活環境の確保その他の理由により特に必要のある場合には、幼児を含む。）を入院させて、これを養育し、あわせて退院した者について相談その他の援助を行うことを目的とする施設」と定められています。さまざまな事情により、家庭での養育が難しい乳児を入所させて、養育する児童福祉施設であり、あわせて退所後の相談などの援助も行っています。

　乳児院の対象年齢は、原則として乳児（1歳未満）ですが、2004年の「児童福祉法」の一部改正により、保健上、安定した生活環境の確保その他の理由により特に必要のある場合には、就学前の幼児までが対象となりました[†4]。この「児童福祉法」の一部改正前までは2歳での措置変更が行われ、子どもは乳児院を退所しなければなりませんでした。この2歳という時期は、特定の大人との愛着を心の拠り所として外界への探索活動が盛んになる時期であるため、子どもにとって心理的負担が大きいことが課題でした。ですから、このたびの「児童福祉法」の一部改正は、子どもの状況に合わせて柔軟に対応できるようになったという点で意義の深いものといえます。

　「児童養護施設入所児童等調査結果（平成25年2月1日現在）」によると、乳児院への主な入所理由は「父または母の精神疾患」（22.2％）、「父または母の放任・怠だ」（11.1％）、「父または母の虐待・酷使」（8.5％）などです（図表6-4）。乳児院の入所児のうち被虐待経験のある子どもは35.5％であり、乳児院の子どもの7割以上が0歳での入所であるにもかかわらず（図表6-5）、すでに多くの子どもが虐待を経験しているという重い現実があります。また身体虚弱や知的障害などの障害等がある子どもは28.2％であり（図表6-6）、発達上の困難を抱えている子どもも多くいます[†5]。

　こうした乳児院の子どもにとって、特定の大人との愛着形成は大変重要です。そのため乳児院では、担当養育制を行い、入所から退所まで同じ養育者が一貫して子どもを担当しています。乳児院の養育者は、子どもが人を信頼できるようになること、子どもが人から愛されて、そしてまた人を愛することができるようになることを願い、一人ひとりの子どもに応じたていねいな関わりを行っています。こうした養育者との愛着

▶出典

†4 「乳児院運営指針」第Ⅰ部4「対象児童」

▶出典

†5 厚生労働省「児童養護施設入所児童等調査結果（平成25年2月1日現在）」2015年

図表6-4 乳児院への養護問題発生理由

	児童数	構成割合(%)
総　数	3,147	100.0
父の死亡	2	0.1
母の死亡	24	0.8
父の行方不明	4	0.1
母の行方不明	79	2.5
父母の離婚	56	1.8
両親の未婚	195	6.2
父母の不和	41	1.3
父の拘禁	18	0.6
母の拘禁	121	3.8
父の入院	7	0.2
母の入院	96	3.1
家族の疾病の付添	11	0.3
次子出産	19	0.6
父の就労	11	0.3
母の就労	123	3.9
父の精神疾患等	13	0.4
母の精神疾患等	686	21.8
父の放任・怠だ	9	0.3
母の放任・怠だ	340	10.8
父の虐待・酷使	82	2.6
母の虐待・酷使	186	5.9
棄児	18	0.6
養育拒否	217	6.9
破産等の経済的理由	146	4.6
児童の問題による監護困難	19	0.6
その他	547	17.4
特になし	*	*
不詳	77	2.4

出典：厚生労働省「児童養護施設入所児童等調査結果（平成25年2月1日現在）」2015年をもとに作成

図表6-5 乳児院への入所時の年齢

	0歳	1歳	2歳	3歳	4歳	5歳	総数
児童数	2,461	530	127	24	2	1	3,147
構成割合(%)	78.2	16.8	4.0	0.8	0.1	0.0	100.0

出典：図表6-4と同じ

図表6-6 乳児院児の心身の状況

		乳児院児数	構成割合（%）
総　数		3,147	100.0
障害等あり		889	28.2
障害等あり内訳（重複回答）	身体虚弱	526	16.7
	肢体不自由	90	2.9
	視聴覚障害	87	2.8
	言語障害	83	2.6
	知的障害	182	5.8
	てんかん	67	2.1
	ADHD	5	0.2
	LD	1	0.0
	広汎性発達障害	41	1.3
	その他の障害等	235	7.5

出典：図表6-4と同じ

形成は、その後の子どもの自己肯定感や社会性の発達に欠かすことのできないものなのです。

2　乳児院での生活

　乳児院は、乳児が生活する場所そのものであり、1日24時間の養育が行われています。養育者は、交代で勤務しながら子どもたちの生活を支えているため、子どもに関するいかなる情報も、次に担当する養育者に適切に引き継ぐ必要があります。

乳児院の設備や運営に関しては、「児童福祉施設の設備及び運営に関する基準」に示されています[†6]。

> 第21条　乳児院（乳幼児10人未満を入所させる乳児院を除く。）には、小児科の診療に相当の経験を有する医師又は嘱託医、看護師、個別対応職員、家庭支援専門相談員、栄養士及び調理員を置かなければならない。ただし、調理業務の全部を委託する施設にあっては調理員を置かないことができる。
> （中略）
> 5　看護師の数は、乳児及び満2歳に満たない幼児おおむね1.6人につき1人以上、満2歳以上満3歳に満たない幼児おおむね2人につき1人以上、満3歳以上の幼児おおむね4人につき1人以上（これらの合計数が7人未満であるときは、7人以上）とする。
> 6　看護師は、保育士（国家戦略特別区域法（平成25年法律第107号。以下「特区法」という。）第12条の5第5項に規定する事業実施区域内にある乳児院にあっては、保育士又は当該事業実施区域に係る国家戦略特別区域限定保育士。次項及び次条第2項において同じ。）又は児童指導員（児童の生活指導を行う者をいう。以下同じ。）をもってこれに代えることができる。ただし、乳幼児10人の乳児院には2人以上、乳幼児が10人を超える場合は、おおむね10人増すごとに1人以上看護師を置かなければならない。
> 第23条
> 2　養育の内容は、乳幼児の年齢及び発達の段階に応じて必要な授乳、食事、排泄（せつ）、沐（もく）浴、入浴、外気浴、睡眠、遊び及び運動のほか、健康状態の把握、第12条第1項に規定する健康診断及び必要に応じ行う感染症等の予防措置を含むものとする。
> 3　乳児院における家庭環境の調整は、乳幼児の家庭の状況に応じ、親子関係の再構築等が図られるように行わなければならない。

▶出典
[†6]「児童福祉施設の設備及び運営に関する基準」第21条、第23条

特に乳児は、疾病への抵抗力が弱く、感染症にかかりやすいため、医療・保健分野の専門職員の配置が求められます。また乳児院の養育者は、保育士としての配置ではなく、看護師の代替であることも、乳児院の特徴です。そのため遊びをとおして子どもの発達を促すなどの保育士の専

門性を生かしながら、健康で豊かな子どもの生活を支えることが大切となります。

また、家庭の状況に応じて、乳児院から退所後に家庭へ戻れるように、各乳児院には家庭支援専門相談員（ファミリーソーシャルワーカー）が配置されています。施設入所前から退所まで、児童相談所と密接な連携をはかりながら、子どもの早期退所の促進や親子関係の再構築、退所後の相談・援助など、家庭との総合的な調整を行っています。また子どもが里親などの家庭的な養育環境で生活できるように、里親支援専門相談員（里親支援ソーシャルワーカー）も配置されています。里親支援専門相談員は、里親委託の推進とともに、退所した子どものアフターケアや里親の相談に応じるなどの里親支援の充実をはかっています。

4．地域型保育事業

1　子ども・子育て支援新制度における地域型保育事業

子ども・子育て支援新制度では、保育所や認定こども園よりも小規模な施設における保育事業が、地域型保育事業として認可の対象となり、「児童福祉法」に明確に位置づけられました。地域型保育事業は、保育を必要とする子どもを対象としており、都市部においては待機児童対策としての機能をもち、人口減少地域では保育の基盤を確保する機能をも

図表6-7　地域型保育事業の認可基準等

	保育実施場所等	定員	職員数	職員資格
小規模保育 （0～2歳）	保育者の居宅、その他の場所、施設 A型：保育所分園、ミニ保育所に近い類型 B型：中間型 C型：家庭的保育（グループ型小規模保育）に近い類型	6～19人	保育所の配置基準＋1人	保育士
			保育所の配置基準＋1人	1/2以上が保育士
			0～2歳児　3:1 （補助者を置く場合、5:2）	家庭的保育者
家庭的保育（保育ママ）（0～2歳）	保育者の居宅、その他の場所、施設	1～5人	0～2歳児　3:1 （補助者を置く場合、5:2）	家庭的保育者 （＋家庭的保育補助者）
事業所内保育 （0歳～就学前まで）	事業所内または事業所近隣施設 事業所の従業員の子どもと、地域の保育を必要とする子ども（地域枠）を一緒に保育する	6人以上	定員20人以上：保育所の基準と同様	
			定員19人以下：小規模保育A型・B型の基準と同様	
居宅訪問型保育 （0～2歳）	保育を必要とする子どもの居宅 障害・疾患などで個別のケアが必要な場合や、施設がなくなった地域で保育を維持する必要がある場合などに保育する		0～2歳児　1:1	必要な研修を修了し、保育士、保育士と同等以上の知識および経験を有すると市町村長が認める者

出典：図表6-1と同じ

ちます。小規模な保育施設が認可の対象となったことにより、保育の質が確保されると同時に、保護者が安心して利用できる体制が整えられたといえます。また保育者にとっても、自治体の担当窓口と直結し、ほかの専門機関等と連携しやすくなりました。地域型保育事業には、小規模保育、家庭的保育（保育ママ）、事業所内保育、居宅訪問型保育などがあり、保護者が仕事と子育てを両立しやすいように多様な保育が行われています（図表6-7）。

2 小規模保育

小規模保育は、主に保育を必要とする満3歳未満児を対象に、商店街の空き店舗やマンションの一室、戸建て住宅などを利用して行う保育です。**利用定員**は6～19人を基本としており、利用定員5人以下の家庭的保育と、利用定員20人以上の保育所の中間に位置づけられます。小規模保育の運営に関しては、「家庭的保育事業等の設備及び運営に関する基準」に、乳幼児の心身の状況に応じて保育することが示されています。保育所や認定こども園と比較すると小規模であるため、一人ひとりの子どもの興味や関心、その日の体調に合わせた保育が行いやすく、きめ細やかな対応ができます。子どもの利用定員が少ないので、勤務する保育者も少人数です。そのため、大規模な保育施設では課題となりやすい保育者間の連携も、日々の保育をとおして十分に行うことができ、担当制を設けつつも施設の保育者全員で子ども全員を理解しているという体制が自然にできやすいのです。また異年齢保育を実施している施設も多く、子どもの年齢が上がっても一貫して同じ保育者が関わることができ、入園時からの子どもの発達や育ちの歩みを保護者とともに共有しながら、保育することができます。入園から卒園まで同じ保育者が子どもと関わり続けられる小規模保育は、保護者との信頼関係を築きやすいといえます。

このように小規模保育は、保育所や幼稚園と比較すると、少人

> **補足**
>
> **小規模保育の利用定員の根拠法**
> 「児童福祉法」第6条の3第10項である。
>
> **家庭的保育の利用定員の根拠法**
> 「児童福祉法」第6条の3第9項である。

図表6-8 デイリープログラムの例

すみれ保育園
一日の流れ

7:00～	登園・自由時間
9:00～	おむつ替え・トイレ誘導
9:30～	水分補給・おやつ
9:45	朝の会
10:00～	設定保育
11:15	おむつ替え・トイレ誘導
11:30	手洗い
11:45	昼食
12:30～	午睡
15:00	おむつ替え・トイレ誘導
15:15	おやつ
15:30	帰りの会
16:00～	自由遊び

数でのよさがあることに加えて、家庭的保育よりは利用人数が多いため、子どもは家庭とは異なる集団による保育が経験できます。少子化が社会問題となっている今日では、きょうだいがいない子どもも多くなっています。近所に同年齢の子どもがいない地域で育ってきたなど、集団保育へ入るまで子ども同士の関係を経験せずに育っている子どもも多くなっています。小規模保育で同年齢の友だちと一緒に生活することは、子どもが仲間関係や社会性の基礎を学ぶうえで、とても大切なことです。

また小規模保育施設には、保育所等の保育と同様にデイリープログラムが作成され（図表6-8）、子どもの安定した生活リズムが確保されるよう配慮されています。子どもはデイリープログラムに沿った保育の流れのなかで、次の活動への見通しをもつとともに、自ら主体的に生活することが可能となります。デイリープログラムは、一人ひとりの子どもの日々の生活リズムに柔軟に応じつつも、園全体としては安定した時間の流れで保育を展開していくために必要です。

小規模保育施設は、保育所や認定こども園などと異なり、商店街の空き店舗やマンションの一室にも設置可能としているため、当初から乳児を保育するための専用施設として建設されていない施設もあります。そのため小規模保育を実施するうえでは、施設の改修とともに、保育者の工夫により、乳児にとって生活しやすい安全で衛生的な環境を整える必要があります。写真6-4は、小規模保育施設の保育室の様子です。はいはいする子どもと1～2歳の歩行する子どもが一緒に利用しているので、はいはいする子どもが安全に遊べるように、手づくりのはいはい用のスペースを確保するとともに、歩行する1～2歳児のための保育室を隣室に用意しています。さらに一人ひとりの子どもたちが、興味・関心に沿って楽しく遊べるように、手づくりのおもちゃも豊富に用意されて

写真6-4 小規模保育室

おり、保育者の手によって家庭的な温かみのある保育環境がつくり出されています。

　子ども・子育て支援新制度で、小規模保育が新たに認可事業となったことにより、市町村の担当者と定期的に打ち合わせや報告を行うなどの連携をはかりやすくなりました。小規模保育施設も、ほかの保育施設と同様に、さまざまなニーズを抱えた親子が利用します。小規模保育施設の対応では不十分あるいは限界があると判断される場合は、他機関との密接な連携がより強く求められます。保育者が保健師や心理士などの専門家に相談するうえでも、市町村とのつながりは不可欠です。市町村の担当者と連携し協働しやすくなったという点で、小規模保育施設が認可の対象となった意義は大変大きいといえます。

　一方、小規模保育の課題は、主な利用年齢が満3歳未満であることです。このため保護者が卒園後の預け先を見つけなければならないという問題が生じています。子ども・子育て支援新制度では、保育所や幼稚園、認定こども園に対して、小規模保育を卒園した子どもを受け入れるための**連携施設**となることを求めています。しかし、実際には、保育所も認定こども園もすでに定員を満たす子どもが入園しており、受け入れたくても受け入れられない状況が発生しています。そのため卒園後の受け入れ先を見つけることが難しい状況があり、保護者が小規模保育施設を選択することを躊躇することも考えられ、早急に解決されなければいけない課題となっています。

3　家庭的保育（保育ママ）

　家庭的保育は、主に保育を必要とする満3歳未満児を、定員5人以下で保育する事業です。家庭的保育を行う保育者には、保育士有資格者のほか、自治体が実施する家庭的保育に関する研修を修了した家庭的保育者も含まれ、「保育ママ」ともよばれています。子どもは家庭的保育を行う保育者の自宅や、小規模な施設等に通って保育を受けます。家庭的保育は、「家庭的保育事業等の設備及び運営に関する基準」で、「利用乳幼児が、明るくて、衛生的な環境において、素養があり、かつ、適切な訓練を受けた職員が保育を提供することにより、心身ともに健やかに育成されることを保障するものとする[7]」とされています。家庭的保育は、家庭的保育者の子どもなどときょうだいのような付き合いになることもあり、家庭に近いきめ細やかな保育を行うことを特徴としています。家庭的保育では、保育者と子ども、そして保護者とのしっかりとした信頼関係が築かれやすく、子どもにとっては家庭的保育者が「第2のママ」

◆補足
連携施設
地域型保育事業では、認可要件の一つとして連携施設を確保することが必要である。連携施設には、以下の3項目が必須の役割として求められる。
①保育内容の支援
②代替保育の提供
③卒園後の3歳児の受け皿
（「家庭的保育事業等の設備及び運営に関する基準」第6条）ただし、2015（平成27）年4月1日から5年を経過する日までの間は、経過措置として連携施設を確保しないことができる。

▶出典
[7]「家庭的保育事業等の設備及び運営に関する基準」第2条

のような存在となることもあります。そのため、家庭的保育を卒園後も、保護者が子どもや家庭の悩みについて家庭的保育者に相談することもあるようです。家庭的保育は子育て支援においても重要な役割を果たしているのです。

一方、家庭的保育の課題として、保育の密室化や孤立化があげられます。家庭的保育では、子どもが3人以下の場合は、家庭的保育者1人で保育できることになっています。そのため、子どもの人数によっては保育者が1人で保育することがあるので、保育者の不安が高まったり、行きづまりを感じたときにも、外部から見えにくく、相談者が同じ保育室内にいないことが問題となります。また、保育の長時間化や保育者の休暇のとりづらさなども課題となっています。そのため、家庭的保育者がいつでも市町村の担当窓口へ相談できる体制づくりと、ほかの保育者との交流や研修が不可欠であると考えられます。家庭的保育者の心理的支えとなることに加えて、保育の質を確保するためにも、家庭的保育補助者とともに複数の保育者による保育が望ましいといえます。そのほか、小規模保育施設と同様に、卒園後の連携施設が不足していることも課題となっています。乳児期に適した家庭的保育のきめ細やかな保育のよさを十分に生かしながら、その後の保育施設との連携をどうしていくかがカギとなっています。

4 事業所内保育

事業所内保育とは、主に保育を必要とする3歳未満児を対象に、事業所が設置した保育施設で、事業所の従業員の子どもと、地域の保育を必要とする子ども（地域枠）を一緒に保育する事業です。特に事業所で働いている保護者には、利用しやすい保育となっています。たとえば、子どもの送迎について考えてみましょう。一般的な保育施設を利用する場合、毎朝、出勤時刻に間に合うように子どもを保育施設へ送っていく必要がありますし、退勤後に子どもを迎えに行くのも、保育施設の閉所時間までに間に合わなければいけません。仕事をしている保護者にとって、自宅・保育施設・勤務先の間のそれぞれの距離や交通の便など、解決しなければならない問題は多いのです。その点、事業所内保育施設は、勤務先と保育施設が同一敷地内に設置されているか、または近接しているため、仕事と子育てを両立するにはとても便利です。また保育者は、基本的には同じ事業所内の従業員の子どもを保育するため、事業所の繁忙期など、保護者の仕事の状況を把握しやすいというよさがあります。さらに、保護者同士も同じ事業所の従業員であることから、互いの顔を見

知っており、保護者同士が良好な関係を築きやすいというよさもあります。
　反面、保育の質を確保しながら安定的に運営するにはコストの負担が大きく、経営判断によって保育施設が閉鎖される場合もあるなどの問題も指摘されています。

演習課題

①各施設の特徴について調べ、以下の表にまとめてみましょう。

施設	学校・児童福祉施設	児童福祉施設		地域型保育事業		
	幼保連携型認定こども園	保育所	乳児院	小規模保育	家庭的保育	事業所内保育
配置職員						
利用年齢や条件など						
定員						
その他保育の特徴など						

②①で作成した表をもとに、各施設の特徴について気づいたことを、グループで話し合ってみましょう。
③各施設では、どのような保育が行われているのでしょうか。ボランティアなどをとおして実際に体験してみましょう

参考文献

レッスン3、4
　大竹節子・塩谷香監修　『0～5歳児の発達と保育と環境がわかる本』　ひかりのくに　2012年
　鈴木洋・鈴木みゆき監修　『ユーキャンの子どもの発達なんでも大百科』　U-CAN　2016年
　田中真介監修『発達がわかれば子どもが見える！』　ぎょうせい　2009年
　松本峰雄監修、池田りな・才郷眞弓・土屋由ほか　『乳児保育 演習ブック』　ミネルヴァ書房　2016年

レッスン5
　新澤誠治・今井和子　『家庭との連携と子育て支援――カウンセリングマインドを生かして』　ミネルヴァ書房　2000年
　内閣府男女共同参画局　「男女共同参画白書 平成29年版」　2017年
　森上史朗・柏女霊峰編　『保育用語辞典（第8版）』　ミネルヴァ書房　2015年

レッスン6
　厚生労働省　「児童養護施設入所児童等調査結果（平成25年2月1日現在）」　2015年
　内閣府　「子ども・子育て支援新制度について」　2016年

日本保育協会　「保育所における低年齢児の保育に関する調査研究報告書」　2007年

おすすめの1冊

大日向雅美監修　『子育て不安を乗り越えて――子育て中の親たちに向けて』　ジャパン通信情報センター　2006年（DVD教材）
　普段、どのような気持ちで子育てをしているかについて、母親が率直にインタビューに答えている。そのため、子育て支援がどのように母親の子育ての不安感や負担感の軽減につながっているかを理解しやすい。

第3章

乳児の保育内容

本章では、乳児保育における保育内容について、くわしく学んでいきます。乳児は発達の個人差が大きいので、一人ひとりに応じた保育を行う必要があります。また、一人ひとりが安心して生活するためには、人的環境も含めた保育の環境が重要になります。これらについて理解していきましょう。

レッスン7　乳児の保育形態

レッスン8　乳児の環境構成

レッスン9　乳児の遊びと保育者の関わり

レッスン10　乳児の生活と保育者の関わり

レッスン11　3歳以上児の保育とのつながり

レッスン7

乳児の保育形態

このレッスンでは、乳児の保育形態について学びます。保育形態とは、保育の活動形態のことです。乳児は発達の個人差が特に大きく、保育者は一人ひとりに応じた保育をする必要があります。乳児期の発達の特徴に合わせた保育形態について理解しましょう。

1. 乳児にふさわしい保育形態

1 乳児の保育形態

　乳児期の子どもは、満足するまで遊ぶことでおなかがすき、そのタイミングで空腹が満たされると、ぐっすりと心地よく眠ることができます。乳児保育では、生活と遊びが途切れることなく連続しています。乳児期は、ミルクを飲む、食事をする、睡眠をとる、おむつを替えてもらうといったことが、子ども一人ひとりに合わせて行われます。それらが子どもにとって適切なタイミングで行われることが大切です。こうした保育を実現するためには、保育形態を工夫する必要があります。

　「保育所保育指針」の改定に向けて厚生労働省から公表された「保育所保育指針の改定に関する中間とりまとめ」には、乳児の発達の側面から、下記のように「少人数」で過ごすことが望ましい旨が記されています[†1]。

> 　1つの保育所で保育する乳児の人数が増えている中で、乳児が落ち着いて過ごせるような少人数のグループ構成による保育を行うことや、1歳以上3歳未満児の自我の発達や興味の状況に応じた適切な人数のグループ構成による保育を行う等、発達の状況等に応じて、集団規模を工夫するような配慮が望まれる。

　近年、保育所や認定こども園に加えて、小規模保育や事業所内保育など、乳児が過ごす場が多様になっています。小規模保育とは、0～2歳児の子どもを6～19人保育する事業です。少人数の保育ですが、0～2歳児が少ない居室で生活をしていることが多く、粗大運動機能や生活リズムの個人差が大きい子ども一人ひとりが心地よく生活するためには、保育の工夫が必要です。

▶出典
†1　社会保障審議会児童部会保育専門委員会「保育所保育指針の改定に関する中間とりまとめ」2016年

一方、認可保育所でも、0～2歳児に待機児童が多いことから、乳児の定員は特に都市部で拡大傾向にあります。乳児クラスの定員が増えているなかで、適切な集団規模で過ごせるようにどのように配慮していくかということは、これからの保育の課題です。

地域による集団規模の差異は広がりつつあります。育つ場所が違っても、乳児の発達を理解してそれに即した保育を展開することは、保育者の使命です。

2 乳児の保育形態の実態

乳児の発達の特徴と保育形態の配慮を確認していきましょう。

①乳児のクラス編成

保育所・認定こども園の定員は、40人程度から200人超まで園により異なります。クラスは、0歳児、1歳児と学年ごとに編成するいわゆる「横割り」もあれば、0歳児、1歳児混合など、異なる学年の子どもがともに生活をする「縦割り」のクラス編成もあります。「縦割り」とは「異年齢」ということで、単一の学年を超えて、クラス編成することです。いずれのクラス編成でも、乳児期の子どもは、個別的な保育を目的として保育を行います。

乳児のクラスは、一般的に複数の保育者が連携して保育を行います。保育士等の人数は、「児童福祉施設の設備及び運営に関する基準」により、満1歳までの子ども3人につき1人以上、満1歳以上3歳未満の子ども6人につき1人以上を配置することが定められています[†2]（図表7-1）。

②乳児の保育形態の実際

乳児の保育形態は、クラスの子どもを複数の保育者で保育する「複数担任」（図表7-2）と、担当する子どもを決める「担当制保育（育児担当制）」（図表7-3）に大きく分けることができます。

▶出典
†2 「児童福祉施設の設備及び運営に関する基準」第33条第2項

図表7-1 保育所における保育士の配置基準

一般的な区分	児童福祉施設設置基準の区分	子どもと保育士の対比
0歳児クラス	乳児（満1歳まで）	3：1
1・2歳児クラス	満1歳以上3歳に満たない幼児	6：1
3歳児クラス	満3歳以上4歳に満たない幼児	20：1
4・5歳児クラス	満4歳以上の幼児	30：1

どちらの保育形態にもよい点と配慮が必要な点があります。また、どの保育形態がすぐれているとか、導入しなければならないという決まりもありません。愛着の形成や発達の個人差など、乳児期の子どもの特徴と保育理念や集団規模などを考慮して、それぞれの園に合った保育形態が選択されます。

複数担任は、厳密に担当者を決めずに、複数の保育者が連携してクラスの子どもを保育する形態です。子どもにとっては、クラスの保育者と広く関わることができます。子どもの定員が少ない場合は、遊びから食事への移行など、活動の移り変わりも、子どもにとって無理のないタイミングで行うことができるので、複数担任でも、子どもにとって個別的な保育を行うことができます。また、保育者は、クラスの子ども全員と関わることになり、どの子どものことも理解しようと努めるため、指導計画を立案するときや保育内容の記録を書くときに、多様な視点で子どもについて考えたり、保育を振り返ることができます。さらに、新任者や乳児の保育経験が浅い保育者にとっては、先輩保育者の保育を見て学びやすいという利点もあります。

担当制保育（育児担当制）は、安定型の**愛着関係***の形成や集団のなかでも家庭的な温かさを感じてほしい、一人ひとりの子どもの欲求にタイミングよく対応したい、という願いから生みだされた保育形態です。

乳児保育が始まったころから、「一人ひとり」を大切にする個別的な保育を目指してさまざまな工夫がされてきました。しかし、実際の保育に目を向けると、幼児と同じようにクラスの皆で一緒に行動することで待ち時間が生じるなど、「本当に乳児期の発達に合った保育なのか」「子ども一人ひとりの気持ちが大切にされているか」と考えさせられる場面

図表7-2 複数担任のイメージ

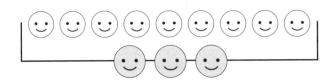

図表7-3 担当制保育（育児担当制）のイメージ

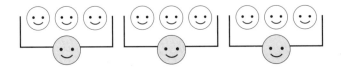

※用語解説
愛着関係
親や保育者など、1対1の関わり合いのなかで絆を形成していくこと。

参照
複数担任の役割の例
→レッスン8

も多かったのです。

　乳児期には、身近な大人との個別的な関わりをもち、気持ちが満たされることで、人と関わる土台を習得していくなど、乳児期の発達の理解が進んできました。また、興味や関心、個人差が大きい時期であることからも、「個別的な保育」ができる保育の方法やクラス運営の形態についても検討されるようになりました。さらに、「保育所保育指針」でも、愛着形成の視点から、可能な限り特定の保育者が応答的に関わったほうが望ましいと示されたことで、徐々に担当制保育（育児担当制）を導入する園が増えてきました。

　担当制保育（育児担当制）は、さらにいくつかの方法に分かれます。保育所や認定こども園での生活の保育の全体を特定の保育者が行う「担当制保育（育児担当制）」、食事や衣服の着脱などの生活習慣の保育を特定の保育者が担当する「生活中心型担当制保育（育児担当制）」、担当保育者のほかに副担当を決めるといった「副担当型担当制保育（育児担当制）」などいろいろな方法があります。また、6人の0歳児を2人の保育者が担当するような「グループ型担当制保育」もみられるようになってきました（図表7-4）。

　担当制保育（育児担当制）のメリットは、同じ保育者が関わることで、愛着関係を築きやすいこと、欲求にタイミングよくこたえられること、体調の変化に気づきやすいことなどがあげられます。

　愛着形成の視点から、できるだけ特定の保育者が関わることを目指して保育者の体制を整えても、実際は担当の保育者が休務をとることもあり、「特定の保育者だけ」で保育を実施するのは難しい日もあります。また、担当制保育（育児担当制）は、乳児期の発達の特性と子ども一人ひとりの欲求を適切に満たすことを目的とした保育形態ですが、保育者が担当以外の子どもと関わらないということではありません。乳児は、興味のあるものを見つけると口に入れたり、関心をもつと一人でも歩いていったりと、探索行動が盛んです。こうした行動が充実した遊びにつながります。そのため、特に遊びの場面では、複数の保育者が見守ったり、援助したりすることが必要です。目の前の子どもの様子やクラスの状況に合わせて、柔軟に対応することが大切です。

図表7-4 複数担任制と担当制保育

	遊び	授乳・食事	着脱	排泄	睡眠
複数担任制	特に担当者を決めずに、複数の保育者が連携しながら、クラスの子どもの保育を行う。				
担当制保育	基本的に担当の保育者が保育を行う。				
生活中心型担当制保育	遊びでは、複数の保育者が連携して援助する。	生活の場面では、基本的に担当の保育者が保育を行う。			
副担当型担当制保育	主な担当保育者と、それを補助する副担当の保育者が連携して、担当する子どもの保育を行う。				
グループ型担当制保育	2人以上の保育者が連携して、担当する子どもの保育を行う。				

▶出典
†3 †1と同じ

2. 乳児の保育形態における配慮

1 タイミングよく欲求を満たす保育

「保育所保育指針の改定に関する中間とりまとめ」には「乳児・1歳以上3歳未満児の保育内容の実際の展開にあたっては、少人数で落ち着いた環境を準備するなど、この時期の特徴を踏まえた保育上の配慮が必要である[†3]」と記されています。「この時期の特徴」というのは、乳児期の発達と言い換えることができます。

乳児期の子どもは、したいことやしてほしいことがあっても、自分でそれを満たすことは困難です。子どもは、生後6か月ごろから自分がしたいと願っていることやしてほしいと望んでいることをタイミングよくとらえて、愛情深く満たしてくれる大人のことを、特別な人だと認識しはじめます。自分の欲求をかなえてくれる大人との情緒的な絆（愛着関係）が強くなると、しだいにほかの人に対して不安や恐れを感じて、その結果、避けたり泣いたりするようになります。それが人見知りです。人見知りをするのはいけないことではありません。それだけ、特定の大人への信頼が高いということなのです。

乳児期に特定の大人との絆ができることで、徐々に行動範囲が広がり、さまざまなことへの関心が高まります。それが豊かな遊び、言葉や生活習慣の獲得へとつながっていきます。その土台として、乳児期は、身近な大人に欲求を的確に満たしてもらう経験が必要なのです。

このことから、乳児期の保育においては、「皆で一緒に」といった一斉活動はふさわしくなく、可能な限り個別的に行われることが望ましいということがいえます。

エピソード　乳児が自分の意思で行動する（認定こども園、2歳児、1月）

　Aちゃんが保育者に、「読んで」と絵本をもってきました。Aちゃんは保育者のひざの上に座り、保育者は絵本を読み始めました。

　やがて、Aちゃんと保育者の「うんとこしょ、どっこいしょ」という声が聞こえると、それまでほかの遊びをしていたBくんが近づいてきました。おもちゃを手にしたまま近づいてきた子どももいます。いつのまにか保育者のまわりに子どもたちが集まってきて、保育者の肩に手を置いて立ったまま見ている子どもなど、それぞれが好きな場所、好きな姿勢で絵本を楽しんでいました。

　絵本を読み終えた保育者が本棚に向かうと、子どもたちもやってきて、絵本を指差して、次々と絵本を手にしています。その場で絵本を広げる子どももいれば、もって歩く子どももいました。

インシデント　活動のために乳児を集める（保育所、2歳児、4月）

　保育所で子どもたちが好きな遊びをしていると、保育者が絵本を見せながら「お話が始まるよ」と声をかけました。

　その呼びかけに、遊びをやめてすぐに保育者のほうに行く子どもと、そのまま遊びを続けている子どもがいます。保育者は、クラスの子ども全員が集まるまで「始まるよ。お友だちが待っているよ」と繰り返し声をかけています。

　そのうち、最初に保育者のほうに来た子どもがその場を離れようとしたので、保育者が「もう少し待ってね」と声をかけました。全員が集まるまでに3分ほどかかりました。絵本を読み始めると、立ち上がる子どもがいます。保育者は、絵本を読むのを途中でやめて、「座って見ようね」と声をかけました。

　エピソードでは、Bくんやほかの子どもたちは、自らの意思でAちゃんと保育者のそばに集まってきています。魅力を感じたのは、「うんとこしょ、どっこいしょ」という保育者と子どもの声でしょうか。それとも、一緒に絵本を見ている姿でしょうか。その心の内はわかりませんが、どの子どもも、指示されたり促されて集まったわけではなく、自分の意思で行動し、結果としてまわりの子どもたちが集まってきたのです。人から促されて行動するのと、主体的に行動するのとでは、結果は同じようにみえても乳児の内面に育つことは大きく違います。

　一方、インシデントでは、子どもたちに絵本を読むことを伝えて、集

まるように呼びかけている場面です。声をかけたときに、すぐに気持ちを切り替えて保育者のもとに来る子どももいれば、時間がかかる子どももいます。

最初の呼びかけで保育者のもとに来た子どもにとっては、「お話が始まる」とわくわくして来たのに、保育者は「始まるよ」と何度もほかの子どもに声をかけて、すぐには始まりません。そのうち「絵本が見たい」と思って来た子どもの気持ちに変化が起きます。最後に来た子どもがすぐに絵本を見られるとなれば、次はもっとゆっくりと来ようと思っても不思議ではありません。

「一人ひとり行う」か「一緒に行う」か、どちらが子どもにとってよいのか、発達にふさわしいのかをその時々に考えることが大切です。

乳児期の子どもたちに「○○する？」「○○しようか」と働きかけをすると、気持ちが切り替わるのには個人差があることがわかります。

乳児期の子どもたちでも、同じ場で遊ぶことを楽しむことはありますし、日ごろ一緒に生活している子どものことは覚えていて、同じものを手にもって共通のものをもっているうれしさを言葉で表現することもあります。

乳児期には、「自分がしたいときに自分なりに行う」ということが保障されることが重要で、成功や失敗を積み重ねることで自主性が育っていきます。子どもの欲求にタイミングよくこたえることと同時に、子どもに対して同じ姿勢や態度を一律に強要しないことは、乳児期の保育として大切にしていきたい視点です。

2 特定の大人が関わる保育

乳児期は、月齢が低いほど一人ひとりの生活リズムは異なり、発達の個人差も大きくなります。また、愛着関係は、乳児の情緒の安定にとってはもちろんのこと、社会性の発達にとっても重要であることは知られています。このことから乳児保育では、特に個別的で応答的な保育が重視されています。愛着関係は1対1の関係で育まれますが、愛着を築く相手は1人とは限りません。家庭を中心として育つ子どもは「母親」などの家族が中心となり、家庭と保育所という複数の場で生活をする子どもは、家族に加えて「保育者」も愛着関係を育む相手となります。

「保育所保育指針解説」には次のように記されています[4]。

▶出典
[4]「保育所保育指針解説」第2章1（2）「ねらい及び内容」イ

> 乳児期において、子どもは身近にいる特定の保育士等による愛情豊かで受容的・応答的な関わりを通して、相手との間に愛着関係を形成し、これを拠りどころとして、人に対する基本的信頼感を培っていく。

　また、「保育所保育指針」にも「一人一人の子どもの生育歴の違いに留意しつつ、欲求を適切に満たし、特定の保育士が応答的に関わるように努めること[†5]」と記されています。乳児の保育形態を検討する際、「特定の保育士が応答的に関わる」ことが可能であるかという視点は必要です。

　近年の保育の長時間化により、開園から閉園までの保育を途切れなく行うために、勤務時間をずらしながら複数の保育者が保育をつないでいます。家庭とは違い、集団保育の場では、乳児に関わる大人は複数になります。

　そういった環境だからこそ、「いつも自分を助けてくれたり、満たしてくれたりする大人はこの人」だと認識できるように、主に関わる担当者とその保育者が不在のときにサポートする保育者を決めておくなど、保育形態を工夫していくことが大切です。

　子どもの発達や時期に合わせた遊びができることや、子どもが心地よく生活が送れることは、どんな保育形態であっても保障していく必要があります。

▶出典
†5 「保育所保育指針」第2章1（3）「保育の実施に関わる配慮事項」イ

演習課題

① 「保育所保育指針」第 2 章 1 「乳児保育に関わるねらい及び内容」および 2 「1 歳以上 3 歳未満児の保育に関わるねらい及び内容」から、保育形態に関わる部分を抜きだして書いてみましょう。

② これまでの実習やボランティアで関わったなかで、0 ～ 2 歳児クラスの保育形態がどのようなものであったか思い出してみましょう。そのあと、グループで発表して、共通点や異なるところを整理してみましょう。

③ 2 歳児クラスで、絵本とは別の遊びをしている子どもがいます。その子どもが絵本を読むことをイメージしてみましょう。
　・子どもたちにどのような働きかけをしますか。
　・保育者同士でどのような連携をしますか。

レッスン **8**

乳児の環境構成

乳児が保育所等の集団生活をする環境として、物的環境、人的環境、自然環境等があげられます。なかでも乳児にとって特に重要な環境は、「保育者」といえるのではないでしょうか。乳児の十分な育ちを保障していくためにはどのような保育が必要であるのか、乳児を取り巻く環境を踏まえながら学んでいきます。

1. 室内環境をとおして期待できる育ち

1 室内環境の基準

　子どもたちが安心して生活していくためには人的環境とともに施設や遊具などの物的環境、さらには自然環境も重要です。そこで子どもたちが過ごす保育室の室内環境の基準はどうなっているのかみていきましょう。

　保育施設における設備・運営は「児童福祉施設の設備及び運営に関する基準[†1]」にそって行われ、同じ乳児であっても年齢によって室内の環境設備、一人当たりの保育面積、子どもの人数に対する保育者の配置人数も変わってきます（図表 8-1）。

　0～2歳児クラスに属する子どもの対象年齢をみると、同じクラスの子どもでも月齢差があることがわかります（図表 8-2）。乳児期の著しい成長を考えると、一年中同じ室内環境のままということは考えにくいのではないでしょうか。

　保育者には、子ども個人の発達過程の理解に努めるとともに、安心して生活できる保育環境を準備する力、子どもの興味や関心が何に向いているのかをくみ取り、保育活動にすばやく取り入れられる力が求められます。そして、養護と教育が一体となって展開される保育を目指していきます。

2 くつろいだ雰囲気の室内環境と保育者の関わり（てんじん保育園）

　以下では、東京都小平市にあるてんじん保育園の室内環境を例に、子どもたちの生活場面を中心にみていきましょう。

　てんじん保育園は、2014（平成26）年に建てられました。園舎のまわりには畑があり、豊かな自然環境に恵まれ、サツマイモ掘りやジャガ

▶ **出典**
[†1]「児童福祉施設の設備及び運営に関する基準」第5章「保育所」

第3章　乳児の保育内容

図表8-1 児童福祉施設の設備及び運営に関する基準

備えなければならない施設・設備	●2歳未満児 　乳児室またはほふく室、医務室、調理室、便所 ●2歳以上児 　保育室または遊戯室、屋外遊戯場（保育所の付近にある屋外遊戯場に代わるべき場所）、調理室、便所 ●その他、保育に必要な用具を備えること
面積	●乳児室　　　1人につき1.65㎡以上 ●ほふく室　　1人につき3.3㎡以上 ●保育室・遊戯室　1人につき1.98㎡以上 ●屋外遊戯場　1人につき3.3㎡以上
職員・職種	保育士、嘱託医、調理員 （調理業務は委託することができる）
保育士等の配置基準	（児童）　（保育士） 0歳児……………　3　：　1 1・2歳児………　6　：　1 3歳児……………　20　：　1 4・5歳児………　30　：　1
保育時間	1日につき8時間原則 （地域事情などを考慮し、所長が定める）
非常災害に対する処置	消火用具、非常口等の設置、定期的な避難訓練の実施
保育室等を2階以上に設ける場合の条件	耐火建築物、傾斜路または屋外階段、転落防止設備、調理室とそれ以外の部分の防火戸による区画、非常警報器具、カーテン等の防火処置
児童の処遇など	●保育の内容：養護および教育を一体的に行いその内容は厚生労働大臣が定める（「保育所保育指針」の遵守） ●給食：必要な栄養量を含有、献立の作成、自園調理原則 　（3歳以上児は一定条件下で外部搬入容認） ●健康診断の実施

※ **用語解説**

月齢
生まれた日から1年の発達年齢を月ごとに示す数え方。低月齢は生後0～3か月、中月齢は4～6か月、高月齢は6～12か月を表す。

図表8-2 クラスごとの月齢※について

年齢別クラス	2019年4月の時点		2020年3月の時点	
	4月生まれの園児	3月生まれの園児	4月生まれの園児	3月生まれの園児
0歳児クラス	1歳	入所不可※	1歳11か月	1歳
1歳児クラス	2歳	1歳1か月	2歳11か月	2歳
2歳児クラス	3歳	2歳1か月	3歳11か月	3歳

※0歳児を生後57日以降の入所と考えた場合、3月生まれは生後57日に満たないので入所することはできない。
出典：柴崎正行編『保育原理の基礎と演習』わかば社、2016年をもとに作成

イモ掘りも近所の畑でできます。園のそばには遊歩道があり、公園も多いので、場所を選択しながら散歩にでかけます。これらの活動をとおして季節の変化に気づいたり、さまざまな植物を目で見て感じたり、近隣の方々との触れ合いをとおして、生きていくために必要な知恵や経験を身につけていきます。0〜5歳児まで60人と、少人数でアットホームな保育所です。保育形態は0・1歳児、2・3歳児、4・5歳児の混合保育をしていますが、乳児クラスの担当制は行っていません。保育者全員が玩具インストラクター*と救急蘇生法*の資格を取得しています。

写真8-1 穴蔵

写真8-2 0・1歳児クラスのコーナー

①工夫された室内環境

1階の保育室に隣接してトンネルのような穴蔵（あなぐら）（写真8-1）があります。この穴蔵は、園を建設するときに設計士の遊び心から生まれたものです。壁紙が魚の柄ということから、クラス名は魚になっています。この穴蔵をとおらないと園庭に出られないようになっています。穴蔵はコーナーの一つで、このような隠れ家的な空間は、子どもたちに人気の場所となっています。

0・1歳児クラスでは、いつでも眠くなったときに寝られるように、ベビーサークルが設けられており、個人の生活リズムに応じた対応がとられています。じっくりと集中して遊びができるように柵を設けるなど、移動式のパーテーションを使用してコーナーをつくります（写真8-2）。また、子どもの発達に応じて、つかまり立ち用のパーテーションも用意しています。子どもの発達や生活リズムに合わせた個別の対応をとるとともに、成長に合わせて室内環境を変えられるように、柵やパーテーションなどを日ごろから用意し、一人ひとりの子どもの生活を確保できるように工夫しています。

②食事

てんじん保育園の給食は、国産素材、特に野菜は地場産を使うようにしています。また、食器は強化磁器*を使用しています。子どもたちは、

＊用語解説

玩具インストラクター
子どもの年齢や発達に合わせて、絵本やおもちゃの選び方や遊び方、つくり方などを指導する資格のこと。

救急蘇生法
呼吸や心拍が停止した人に対して行う救命措置や応急手当てのこと。

＊用語解説

強化磁器
割れにくくつくられた磁器食器のこと。

器を使用することにより重さを実感できます。さらに、食器は落とすと割れることもあることを知り、そうならないためにはどうしたらよいのか考える経験から、少しずつ食事をとおしてマナーを身につけていくというねらいがあります。そして、楽しい雰囲気のなかで食べることを大切にしています。おやつや食事のときは、保育者も子どもと一緒に食べています（写真8-3）。

写真8-3　食事の様子

③排泄

トイレはクラス内に設置してあります（写真8-4）。0歳児においては、時間に関係なくおむつがぬれていれば交換します。1・2歳児は、デイリープログラムで決められた時間にトイレに行きます。その際、保育者がおむつを取った状態でトイレに行くようにします。必ず1人の保育者が付き添って、排尿しているかを確認し、トイレットペーパーをちぎって渡

写真8-4　清潔感のあるトイレ

写真8-5　着脱の様子と専用の台

すだけでなく、水を流すときトイレのレバーに子どもの頭がぶつかることがないかなど、安全面にも気をつけています。トイレに行った子どもから、おむつをはかせて、次の保育に誘いかけます。

④着脱

0歳児クラスでは、保育者が着替えを行います。はいはいができるようになると動きが活発になるので、上下が分かれている動きやすい洋服を保護者に用意してもらいます。1歳児クラスまでは保育者のひざに座らせてズボンをはかせますが、2歳児クラスでは、子どもたちが自分でズボンをはけるよう、専用の台を用意しています（写真8-5）。この台は食後の歯磨き用の椅子としても使用しています。

⑤午睡

0・1歳児クラスはふとんを使用し、2歳児クラス以降は**コットベッ**

✻ 用語解説

コットベッド
小児用の折りたたみベッドのこと。床にふとんを敷くよりも清潔であり、子どもがおしっこをもらしても、ふとんより処理が簡単で、かつ衛生面でもすぐれている。

ド*を使用しています（写真8-6）。0歳児の午睡時には見回りをし、5分に1回、保育者が見回ります。あらかじめ作成した表にチェックを入れながら、常に子どもの様子に異変がないか確認します。清潔に配慮し、週末ごとにパジャマとタオルケットを洗たくしてもらうよう、家庭に返却します。

写真8-6　2歳児の午睡の様子

⑥季節を意識した室内環境と安全面の配慮について

　エアコンを使用するときは、冷房は28℃くらい、暖房は20℃くらいを目安に設定しています。乾燥しているときは加湿器を使用します。また、空気洗浄機は1年中作動しています。

　室内環境における安全面については、室内全体に角がないよう、丸みを帯びた机やいすをそろえています。扉は、子どもたちが指をはさまないようにスライド式になっており、クッションがはさんであります。そしてあらゆる穴に、指を入れないよう指詰めの工夫がされており、床から1mまでの高さにはものを置かないことを徹底しています。

　てんじん保育園では、乳児期の著しい成長に合わせた室内環境づくりに力を入れています。子ども一人ひとりの理解に努め、安心して生活できる保育環境を用意することはもちろんのこと、発達状況により玩具を含めた室内環境を変化させていくことで子どもの育ちが期待できる環境を整えています。

2．基本的生活習慣の習得と保育者の関わり

　乳児クラスを担当する保育者は、日々子どもとの関わりをとおして、「一定した睡眠がとれるようになった」「パンツトレーニングを開始した」「まわりの友だちの様子を見て、ズボンをはくことに興味を示すようになった」など、子どもの成長を身近に感じることができます。

　園生活をとおして保育者は、子どもが自発的に基本的生活習慣を身につけられるように、脇役となりながらも必要とされているタイミングを逃さずに個々に応じるといった関わりが求められます。それでは、子どもが基本的生活習慣を身につけるために、保育者がどのような点に気をつけながら関わっているか、てんじん保育園の様子をみていきましょう。

1 食事での関わり

　食事は、生きるために必要な行為であり、園では、栄養面やいろどり、旬の食べ物を取り入れるなどの工夫をこらして、子どもたちに給食を提供しています。乳児の給食で気をつけることは、薄味にすることです。その理由として、この時期から大人と同じような味付けに慣れてしまうと、成長したときに自然と濃い味を好むようになるからです。

　また、給食は楽しい雰囲気で食べたいものです（写真8-7）。まず、子どもたちが食べる前に保育者が**検食**＊をして、問題がないかを確認することが大切です。給食は保育者も一緒にとります。子どもと同じもの、量を食べることにより、味付けやかたさなどを確認します。

写真8-7　楽しい給食

＊用語解説
検食
配膳の前に給食を試食して問題がないか確認をすること。

インシデント①　検食の意味

　午後のおやつに手づくりのアメリカンドッグが出ました。爪楊枝にウインナーとチーズを刺し、それぞれホットケーキのたねにくぐらせ油で揚げたものです。きつね色をしたおいしそうなアメリカンドッグでしたが、保育者が検食してみると、中は半生の状態でした。あわてて子どものお皿を回収し、調理室に報告しにいきました。

　このようなことからも、検食する意味を理解することが大切です。食べ物を床にこぼしてしまったり、好きなものだけを先に食べてしまったり、手づかみで食べるなど、子どもによって気をつける点は異なります。保育者は、その様子を見守りながらも改善していく方法を考えます。たとえば、子どもが苦手としている食べ物を、保育者が目の前でおいしそうに食べてみたり、大好きなお友だちから食べさせてもらいます。また、気分を変えて年下のクラスで一緒に食事をとると、自分より小さい子どもがいるので、自然とお兄ちゃん、お姉ちゃんの意識が芽生えるきっかけにもなります。このように、保育者の関わり方は一つではありません。

2 排泄での関わり

　乳児期は、排泄が確立するまでは、決められた時間にトイレに行くようにします。その理由は、子ども自身が排泄をするタイミングをつかめるようにするためです。0歳児の場合はおむつ替えをしますが、保育者

は無言のまま黙々とおむつ替えをするのではなく、子どもの気持ちを代弁して「おむつを替えたら気持ちよくなったね」などと声をかけます。学生が保育実習で0歳児クラスに入ると、「赤ちゃんは話ができないから」と無口になり、関わり方がわからないと悩んでしまうことがあります。そのようなときには、自分の行っている動きをあえて言葉にしてみると、子どもへの言葉かけにもなります。言葉にすることで、自分の動きを確認するだけではなく、コミュニケーションをとっていることにもなります。

おむつからパンツに移行し、トイレットトレーニングを開始して間もないころは、床で排泄してしまうこともあります。そのようなときには、「○○ちゃん、おしっこはどこでするのかな？ 今度は先生に教えてね」などと優しく声をかけましょう。保育者が「どうして教えてくれなかったの？ また失敗したの？ 困ったわね！」などと強い口調で言うと、子どもは追いつめられてしまいます。また、遊びに夢中になってなかなかトイレに行こうとしない子どもに、「トイレに行かなくて大丈夫？」としつこく聞くのもよくありません。失敗しても、「まぁよし」と思うくらいに、保育者がゆったりとした気持ちをもつことにより、いつの間にか「せんせい、おしっこでる」と子どもの方から教えてくれるようになります。トイレで排泄をすませ、先生が「○○ちゃんすごいね、一人でできたね」と褒めると、子どもは得意げな顔をみせてくれます。このような繰り返しが、子どもの自信へとつながり、自立へと導いていきます。

3 着脱での関わり

ボタンに興味をもつようになった子どもは、パジャマのボタンがけなどを「自分でやる！」と言って着替えをします。午睡時間までもう時間がないとなると、保育者は思わず援助したくなりますが、子どもがやりたいという前向きな気持ちを受け止め、見守ることが大切です。ひと通り自分で着替えができるようになるまでには、当然ある程度の期間を要しますし、個人差があります。発達のペースはそれぞれですので、まわりの子どもたちと比較することは決してしないようにしましょう。個人の成長の前と後を、保育者が理解しておくことが大切です。子どもが着替えに興味を示すようになったら、手を出しすぎず、ゆったりと見守る保育者でいたいものです（写真8-8）。

写真8-8 靴下をはいてお散歩

乳児の場合は、本当は自分でできることを「せんせいやって」と言ってくることもあります。体調がすぐれない、気分がのらない、保育者に甘えたいなど理由はさまざまです。「自分でできるのだからやらないとダメよ」とつっぱねるのではなく、「先生が少しだけ手伝おうかな」などと子どもの気持ちを受容することが、安心感と信頼関係を築くきっかけになります。

4　午睡での関わり

　午睡時間は月齢やクラスにより異なります。そして成長とともにベビーベッドからふとんに移行していく保育所等が多いようです。入眠する前は、静かな雰囲気をつくるため、動きのある遊びではなく絵本を読むなど静の遊びをします。子どもが眠るときには、保育者がそばにつき、おなかやおでこをなでたりさすったりして、安心感やスキンシップをはかりながら入眠するように促します。

　特に0歳児の午睡において気をつける点は、午睡中に子どもの様子をみて、呼吸をしているか確認すること、もう一つは、午睡時間外でも眠くなったときに寝られるようサークルベッドを用意し、個々の睡眠を確保することです。そして快適な温度と湿度を心がけ、子どもの疲れがとれるような環境づくりに努めます。

　以上、基本的生活習慣と保育者の関わりについて説明しましたが、さまざまな場面で共通していえることは、受容的、応答的に関わることがとても大切だということです。そうすることにより子どもの情緒の安定や、何かあれば先生が助けてくれるという安心感につながっていくのです。そして、身近な保育者との信頼関係を積み重ねていくことが、次の成長への一歩へとつながっていきます。

3．ならし保育について

　保育所等に通う子どもであれば、誰もが「はじめて登園する日」を経験します。子どもたちが新しい環境に慣れるために、一定の期間、保育時間を短くして、徐々に通常の保育時間まで延長していくことを「ならし保育」といいます。園によって進め方は異なりますが、ここではてんじん保育園の進め方をみていくことにします（図表8-3）。

　子どもは1日目は保護者と一緒に保育室で過ごしますが、2日目以降は保護者は保育室には入らず、保育者と降園まで過ごします。保育者と

図表8-3 ならし保育の流れの例

	曜日	保育時間	保護者の有無	お帰りの時間の目安
1日目	月曜日	9:00～11:00	有	給食前まで
2日目	火曜日	9:00～11:00	無	給食前まで
3日目	水曜日	9:00～12:00	無	午睡前まで
4日目	木曜日	9:00～15:00	無	午後のおやつ前まで
5日目	金曜日	9:00～17:00	無	通常保育を行う
6日目	土曜日	家庭保育*（基本は預からない）		

> ※ 用語解説
> **家庭保育**
> 家庭で、両親や親族などによって子どもを養育すること。

　子どもとの関わりを大切にしながら、およそ1週間を目安にならし保育を行います。ならし保育は子どもの様子に合わせて進めていきますので、場合によっては延長することもあります。

　ならし保育の対象は、年齢に関係なく、入園したすべての園児になります。特に、新年度を迎える4月の0歳児クラスでは、ほとんどの子どもがならし保育を行います。

インシデント②　なかなか保育所に慣れなかったAちゃん

　4月に入園してきた生後9か月のAちゃんは、1週間のならし保育ではまったく園の環境に慣れませんでした。Aちゃんの家族構成は10歳ほど年の離れた姉、兄、そして両親の5人家族でした。お迎えに来た母親、姉、兄とのやりとりをみていると、自宅では彼女中心で、泣けば自分の思いどおりになる環境にあることが容易に見て取れ、母親からもそのことを打ち明けられていました。Aちゃんが保育所に慣れるにはどのように対応すればよいのか担任3人で話し合った結果、1人の保育者との1対1の関係を大切にし、じっくり関わっていくなかで信頼関係につなげていこうということになりました。

　その日から、1人の担当保育者がAちゃんとじっくり関わっていきましたが、そう簡単には慣れませんでした。午前と午後のおやつと給食は泣いて一口も食べない、午睡の時間も、眠そうですが泣き続けて寝ません。気分を変えてテラスに出ても泣くといった具合に、一日中泣いていました。担当保育者は抱っこひもを使い、ずっと一緒にいましたが、この状況に焦りを感じると同時に落ち込んでいました。

そんなある日、担当保育者がひざの上でAちゃんの口もとにヨーグルトをもっていくと、はじめて口にしたのです。これでAちゃんは保育所で生活をすることができるとうれしく思いました。結局、ならし保育が終了するまで3週間ほどかかりましたが、園に慣れることができました。

担当保育者は、この経験をとおして、じっくり1対1の信頼関係を築くときには焦らず、いつかは慣れるから大丈夫と、ゆったりとした姿を見せていくことを学ぶことができました。個人差を受け止め、無理のないならし保育を行っていくことが大切になります。

4. 乳児のクラス運営について

乳児保育の環境について特に重要視したいことは、人的環境だといえます。人的環境については、次のレッスン9「乳児の遊びと保育者の関わり」で触れることにして、ここではクラス全体の保育者と子どもの関わりや、**複数担任**の体制について学んでいきます。

乳児保育の特徴は、1人の担任ではなく、複数でクラスの運営を行っていることです。0歳児クラスでは保育者1人に対し3人まで、1・2歳児クラスでは保育者1人に対して6人まで子どもをみることができます。しかし、1クラスが子ども3人ということはまず考えられないので、ほとんどの園では複数の担任が協力しながら日々の保育を行うことになります。たとえば、1歳児クラスに14人の子どもがいれば、担任は3人必要です。

参照
複数担任
→レッスン2、7

図表8-4 1歳児クラスの複数担任における役割（一例）

仕事の役割	具体的な仕事の内容
①その日の保育の進行をする。	朝の会、給食、午後のおやつ、設定保育等の進行役、紙芝居や絵本を読む。クラスの日誌を書く。おたより帳に記入する。帰りの受け渡し（保護者へ子どもの様子を報告する）。
②ほかの保育者の動きをみながら補佐をする。	①と③の両方の動きを理解したうえで補佐をする。おたより帳に記入する。場合に応じて、給食、おやつの片づけなど、③の仕事をすることもある。
③主に雑務担当をし、ゆっくり作業をする子どもの援助を最後まで行う。	着替えやおむつの準備や午睡前にふとんを敷く。午睡後の着替えの準備をする。給食やおやつを運ぶ。机やいすのセッティングをする。全体の活動で最後まで残っている子どもを次の活動に移るまで援助する。玩具を拭いたりトイレ掃除を行う。おたより帳に記入する。

そこで、複数の担任が役割分担して保育を行っていきます。一日の保育の流れから、それぞれの仕事の内容をつかんでいきましょう（図表8-4）。

図表8-4を参考にしながら、以下のエピソードの保育者A（①）、保育者B（②）、保育者C（③）の動きをみてみましょう。

エピソード　1歳児クラス（14人）
　午前中の散歩終了後、クラスに戻り、手洗い、うがい、排泄から給食の場面に入るまでの保育者A、B、Cの動きをまとめました。
(1)すでに給食の準備がされているテーブルのいすに、排泄をすませた子どもの半分くらいが座ったころを見はからい、保育者Aは手遊びをしながら残りの子どもたちを待ちます。保育者Bと保育者Cは、排泄の場所で必要に応じて援助をしています。
(2)まだ排泄をすませていない3分の1程度の子どもを残し、保育者Bは保育者Cにその場をまかせて、すでに座っている子どもにエプロンをかけていきます。また、排泄をすませた子どもには、いすに座るように声をかけます。
(3)保育者Cは排泄をすませた子どもを順にいすに座るように誘導し、保育者Bに子どもを引き渡して給食をとりに行きます。
(4)保育者Aは子ども全員が座ったことを確認したうえで、手遊びの続きをしたり絵本を読みます。その間、保育者Cは、歯磨きで使用するコップに水を入れ、子ども用仕上げ磨きの歯ブラシを用意しておきます。保育者Bは午睡の準備をしたり、子どもの様子をみながら、給食をすぐに配膳できるよう用意をしておきます。
(5)保育者Aが給食の歌を子どもと一緒に歌い、その後3人の保育者が一斉に給食を配ります。各テーブルに1人ずつ保育者が入り、給食が始まります。

　以上のように、保育者たちは連携をとりながら保育活動を進めていきます。それぞれの役割はありますが、状況に応じて臨機応変に対応します。たとえば、「○○先生、△△くんのトイレをお願いします」と声をかけたり、パジャマのズボンをはきたくないと泣いている子どもには、あえて違う保育者が関わることもあります。

5．安全面に配慮した室内環境

1　保育者の身だしなみについて

　乳児にとって一番身近な環境は「保育者」であるということは、先にも触れました。子どもたちが安心して園生活を送れるよう、保育者はいつも笑顔で優しい雰囲気をもっていることが大切です。また保育者の「姿」は、保護者や地域の人にも見られているため、「保育者」として恥ずかしくない見だしなみを心がけたいものです。保育者の身だしなみが整っていないことにより、思わぬけがにつながることもあります。以下に、身だしなみの注意点を3つあげます。

①乳児クラスに入るときは上履きをぬぎます。それは、子どもたちが裸足や靴下で園生活をしているので、保育者が上履きをはいていると、子どもの足を間違って踏んでしまいけがをさせる危険性があるためです。乳児クラスの保育者は、靴下のままで保育している園がほとんどです。

②長い髪の毛は結びます。特に、0・1歳児の担任保育者は子どもを抱っこする機会が多いので、髪の毛が子どもの口に入ることがあります。また、ネックレスやピアス、指輪などのアクセサリーは外します。子どもの目の前にあると、興味を示し口に入れたり、顔などを傷をつけるなど、思わぬ危険につながることがあります。

③エプロンの丈にも気を配ります。丈が長いと、食事の片づけや拭き掃除などで床にひざをついたとき、ひざでエプロンのすそを踏んでしまい、動きにくくなります。また、子どもが遊んでいるときに、あやまってエプロンを踏んで、滑ってしまうことも考えられます。エプロンの丈はひざ上くらいのものがよいでしょう。

　このように、保育者は、安全面に配慮した身だしなみに気をつける必要があります。保育者の身だしなみが不十分であるために起こる子どもの事故は、本来、未然に防ぐことができるのです。保育室は子どもたちが安心して生活できる場所であり、保育者には子どもの命を守る責任があることを自覚しましょう。

2　保育室の環境について

　保育室はいつも広く使えるようにしておきましょう。机やいすは常に出しておく必要はありません。空間が広がることにより、遊びもダイナミックに展開していくことがあります。保育室という限られた空間をどのように使うかは、保育者の腕のみせどころです。また保育室だけでは

なく、廊下やテラスや階段もスペースとして利用できます。

　環境の一部として、保育室やトイレの壁面を装飾している園も少なくありません。お誕生日表や子どもたちの作品などを貼ったり、季節を壁面で表現することもあります。近年では、既製品の壁紙で、色落ちを防ぐためラミネート加工されているものも、保育業者から販売されています。

　保育室は、保育者と子どもが1年間一緒に過ごす家です。子どもが安心できる保育者のもとで安全面に配慮した環境を保障されることはもちろんのこと、子どもの成長に合わせて、そのつど保育環境を変えていくことの大切さも覚えておきましょう。

3　衛生を保つ掃除について

　保育室の掃除は、幼児クラスより乳児クラスのほうが衛生面に配慮している傾向にあるようです。そこで大切なのは、掃除をすると同時に安全管理を行うことを忘れないことです。たとえば、玩具を拭きながら、壊れていないか、発達に合っているものかなどを確認します。

　ひざを床につけながら床拭きをすると、机の隅からごみが出てくることがあります。子どもと同じ目線から見て確認するのはとても大切なことであり、事故を未然に防ぐきっかけにもなります。安全面と衛生面は切っても切れない関係にあるといえます。以下に、日常行う乳児室の掃除のポイントをあげます。

①床拭き、玩具拭き

　保育中でも子どもの人数が少ない早番の時間や午睡時、子どもが園庭に出ているときなど、タイミングをみて行います。掃除機をかけたあと、消毒液が入っていない水で床や畳を拭きます。また玩具も同様に、毎日水拭きします。

②トイレ掃除

　トイレ掃除は、子どもが近くにいないことを確認してから行います。その理由として、重点的に掃除をする際に、消毒液などを使用することもあるからです。使用済みの紙おむつや布おむつを入れる容器を念入りに水拭きします。0歳児クラスの場合は、特にトイレと沐浴室が隣接しているケースが多いので、沐浴槽の掃除も忘れずに行います。

③ふとんの掃除

　ふとん専用の掃除機を使用している園もあります。週末に、シーツカバー、掛ふとんなどを保護者に返却し、新しいものを週始めに持参してもらいます。定期的にふとんを洗ってくれる業者にお願いする園もあります。

④歯ブラシ、コップの消毒

歯ブラシ殺菌消毒保管庫を使用して消毒する園が多いようです（写真8-9）。このような設備が整っていない場合は、沸騰したお湯に歯ブラシの毛先やコップの口をつける部分をくぐらせて消毒します。

写真8-9 歯ブラシ殺菌消毒保管庫

以上のように毎日掃除を行うことで、衛生面を保てるようにしていきます。

4 乳児期における危険

前回の「保育所保育指針」から引き続き「環境及び衛生管理並びに安全管理」については示されていますが、今回改定の指針では第3章の「健康及び安全」に「災害への備え」が新たに加わりました。

厚生労働省「平成28年人口動態統計」によると、0歳児の死亡数のうち不慮の事故によるものを種類別にみると、1位は**窒息死**で圧倒的に多く、全体のおよそ85％を占めています。もしも保育所等で午睡中に子どもが窒息死に至った場合、責任を問われるのは間違いなく保育者です。「子どもの命を守る」ことが保育者の仕事であり、責務であることを、学生のうちからしっかり受け止めてほしいものです。

0歳児の部屋にはさまざまな危険が潜んでいます。乳児の事故原因は大人の不注意だといわれています。そこで、子どもが安心して生活できる環境をつくるために、保育者が、危険を予知する力を身につけること、事故を未然に防ぐよう努めること、事故が起きてしまったときに、被害を最小限に抑えることが非常に重要となります。以上のことを「リスクマネジメント」といいます。たとえば、ごみ箱は子どもの手の届かないところに置いておく、コンセントを使用する場合は1m以上の高さにあるものを使用する、子どもがカーテンで遊ばないようにふだんはしばっておく、柵で子どもが入らないよう仕切るなど、事故を引き起こさない環境を、保育者が整えておく必要があります。保育者には、万が一事故が起きたときの対応策を身につけておくことや、保育中に考えられる危険を見通す力が求められます。

0歳児に「危ない！ ダメよ！」と言っても理解することは難しいので、最初から危険な環境をなくすことが最善の策となります。子どもたちが安心して生活できる場を用意するためにも、先に述べたように、床にひざまずき、子どもと同じ目線でまわりを見渡すと、新しい気づきが出て

> **◆補足**
> **窒息の原因**
> 柔らかいふとんの使用や、うつぶせ寝などが窒息の原因となるため、注意が必要である。

くるものです。また、子どもの年齢によって起きやすい事故が変わってくることも押さえておきましょう。

演習課題

① 複数担任のメリットをあげてみましょう。
② 0歳児クラスの4月と3月では、どのように室内環境を変える必要があるのか、子どもの成長を踏まえながらグループで話し合いましょう。
③ 2歳児の子どもが固定遊具（滑り台・砂場・ジャングルジム・ブランコ）のある公園で遊んでいます。どのような危険が考えられますか。危険を想定してみましょう。また、対応策を考えてみましょう。

レッスン9

乳児の遊びと保育者の関わり

乳児期に習得したいことは、「基本的生活習慣の確立」と「遊びをとおしての育ち」です。遊びをとおして手先が器用になり、基本的生活習慣の自立が助長されます。乳児期の成長は著しく、保育者は一人ひとりの発達過程を目安に、自発的に遊べるような環境づくりに努め、成長を引き出していくことが大切です。

1. 乳児の遊び

乳児の遊びは、体を使った遊び、指先を使った遊び、人と関わる遊びなどに分類することができます。人との関わりは、年齢に従って、保育者から友だちへと変化していきます。

今回の「保育所保育指針」の改定では、乳児保育における対象児についての保育内容が新しく「**乳児保育**」と「**1歳以上3歳未満児の保育**」に区分されました。0歳から3歳未満児の保育利用者数が増加傾向にあり、これらの対象年齢の保育内容の充実が、より明確にはかられたということは、この時期の保育が今後ますます重要となることを示しています。また、保育内容の充実は、これまでの「保育所保育指針」において

参照
乳児と1歳以上3歳未満児の保育内容
→レッスン11

図表9-1 0歳前半ごろまでの遊び方の例

体を使った遊び	指先を使った遊び
・足をばたつかせる ・玩具を目で追う（追視） ・仰向けの状態で保育者が足首をもち、左右交互に歩くイメージで動かす	・にぎにぎ  小さい容器でつくったガラガラ
人との遊び	その他の遊び
・保育者があやす（くすぐり遊び・唇や舌をぶるぶるさせて音を出す） ・保育者と喃語のやりとりをする ・保育者が横抱きにして左右にゆっくり揺らす ・高い高いをする	・オルゴールメリーなど、つるした玩具 ・起き上がりこぼし

養護の側面に重点が置かれていた3歳未満児の保育について、教育的な要素を意識することの必要性を意味しています。保育とは、養護と教育が一体となった営みであり、一人ひとりの発達過程に沿った保育を行うことが大切であるということ、また、遊びとは子ども自身が主体的にする行為であり、保育者が主導権をもつものではないということ、そして、遊びを含む生活面のすべてが子どもにとって学びであることをまず理解しておきましょう。それでは、子どもの遊びについてみていきます。

1　0歳前半ごろまでの遊び

図表9-1に0歳前半ごろまでの遊び方をまとめています。

①関わり方のポイント

この時期は、子どもの欲求にこたえるといった応答的な関わりが中心となることが特徴です。保育者は、子どもの目線に合わせて笑いかけるようにします。子どもが遊んでいるときに、喃語*を発したのであれば、その意味が理解できなくても受け止め、喃語や言葉で返してみましょう。また、子どもは言葉で表現できないので、不快な感情を泣いて訴えます。子どもの声の大きさやトーンに耳を傾け、何を伝えたいのか心の声をしっかり受け止め、応答的な関わりをすることが大切です。1対1のスキンシップを十分に楽しみ、子どもに話しかけるようにしましょう。

そして、次の運動機能の習得につなげられるよう、保育者が子どもの欲求にしっかりこたえることは、子どもが安心感をもって遊ぶことができるだけではなく、信頼関係を築いていくきっかけにもなります。個人差はありますが、3か月を過ぎたころになると感情表現が豊かになってきます。保育者は、子どもの笑顔を引き出せるような遊びを工夫していきましょう。

②保育上の留意点

子どもに玩具を渡すと、口にもっていき、なめる姿がよくみられます。それは玩具の質感、硬さや形を確かめている行為であり、子どもにとってはこの時期の大切な遊びです。ですから、汚いといって取り上げることはせずに、毎日玩具を拭いて清潔にしておきましょう。また、遊ぶ場所が居心地のよい環境になるように、室内の温度や湿度の調整も忘れずに行います。

2　0歳後半ごろの遊び

図表9-2に0歳後半ごろまでの遊び方をまとめています。

①関わり方のポイント

※用語解説
喃語
言葉を話すようになる前に、赤ちゃんが口にする、意味のない声のこと。

図表9-2　0歳後半ごろまでの遊び方の例

体を使った遊び	指先を使った遊び
・腹ばいの姿勢やお座りで玩具を使って遊ぶ ・ずりばいで前進する ・マットでお山をつくり、はいはいで上る	・出し入れを楽しむ玩具 ・音のでる玩具 ・感触を楽しむ玩具 ・新聞紙を握ったり、破ったりする ハンカチ出し
人との遊び	そのほかの遊び
・保育者があやすと声を出す ・保育者のひざに乗せて上下に動かす ・まねっこ遊び（保育者がハンカチで顔を隠すと子どもがまねをする） ・保育者がはいはいの格好をしてトンネルをする ・子どもにボールを転がし、保育者に返してもらって遊ぶ ・はいはいで「まてまて」の追いかけっこ	・「いっぽんばしこちょこちょ」などの触れ合い遊び（わらべ歌）など ・ちぎった新聞紙をビニールプールに入れて遊ぶ ・童謡を聞く ・手遊び

　自分の欲求を喃語や身振り、指差しなどで伝えるようになります。少しずつ相手の言うことがわかるようになります。保育者が「ちょうだい」と言うと、もっている玩具を渡してくれる姿がみられるようになり、保育者が「いないいないばぁ」をすると喜びます。子どもの気持ちをくみ取りながら、子どもの思いや欲求を保育者が言葉にしてみましょう。

　コミュニケーションを求めるようになるころには、1対1の触れ合い遊びが十分にできるような信頼関係を築いていけるようにしましょう。

②保育上の留意点

　腹ばいで遊ぶときには、子どもが玩具の動きを目で追っているか、頭を上げることができているかを確認しましょう。この時期は、**ずりばいや四つばい、高ばい**、つたい歩きなどができるようになり、探索行動が広がります。子どもが興味を示したものに保育者が気づき、声をかけたり、近づいたりしてみます。同じ月齢でも発達には個人差がみられることは当たり前のことですので、個々に対応していくことが重要です。

　室内で思う存分はいはいができる空間を用意し、常に床は清潔に保ち衛生面に配慮しましょう。また、この時期になると、移動できる喜びから思いがけない事故につながることがあります。テーブルの角にはクッションテープをつけ、柵を使用するなど、けがをしないよう安全面の配慮をします。室内に保育者の愛情がこもった手づくり玩具を用意しておくこともおすすめです。

参照
ずりばい・四つばい・高ばい
→レッスン3

図表9-3 1～2歳ごろの遊び方の例

体を使った遊び	指先を使った遊び
・お散歩 ・トンネルくぐり ・トランポリン ・砂遊び ・ボール遊び （2歳ごろの砂遊び）	・なぐり描き ・積み木 ・型はめ ・ひも通し ・小麦粉粘土 ・シール遊び ・洗濯バサミで厚紙をはさんだり、外したりを繰り返す
人との遊び	そのほかの遊び
・バスタオルの上に子どもを寝かせ、四隅を2人の保育者が持ち、ハンモックのようにして左右に優しく揺らす ・いも虫コロコロ（保育者の歌に合わせて子どもが床の上を転がる） ・保育者の足の甲に子どもの足を乗せ、一緒に歩く	・楽器遊び ・ままごと ・ぬいぐるみ ・手形スタンプ ・表現遊び（いとまきのうた等） （タオルでつくったぬいぐるみ）

3　1～2歳ごろの遊び

図表9-3に1～2歳ごろの遊び方をまとめています。

①関わり方のポイント

今まで子どもに応答的な関わりをしてきた保育者ですが、この時期になると、子どもが自ら環境に働きかけるようになります。自分でできることが増えてくることにより、「自分で！」という欲求や、「ダメ」「イヤ」などの意思表示をするようになります。これは自我の芽生えですので、やってみたいという気持ちを受け止めましょう。子どもの主張の繰り返しに、保育者はイライラすることがあるかもしれません。しかし、それは子どもの成長の表れであり、「このようなことも挑戦するようになった」と成長を喜び、引き続き子どもと関わり、個人の成長に応じた対応をしていきましょう。

②保育上の留意点

歩行が安定してくると運動量が増えるので、天候を考慮しながらもなるべくたくさん外遊びをしたいものです。また、動きが活発になることにより行動範囲も広がります。子どもたちが自由に動きたいという欲求が満たされるよう、決められた空間を場面に応じて変えるなど工夫をしながら使用していきます。また、室内や外遊びにおいて、どのような危険があるか考えておき、危険を未然に防ぐことができるようにしておくことが大切です。

図表9-4 2～3歳ごろの遊び方の例

体を使った遊び	指先を使った遊び
・ボール遊び ・かくれんぼ ・すべり台などの固定遊具 ・しっぽ取りゲーム ・三輪車にまたがって地面をける ・平均台 ・後ろ向きに走る ・縄跳びでへびさんにょろにょろ 三輪車遊び	・新聞をちぎって遊ぶ ・ひも通し ・ボタンがけの玩具 ・パズル ・シール貼り ・輪投げ ・どんぐりでマラカスづくり ボタンがけの玩具
人との遊び	その他の遊び
・保育者とごっこ遊び （おままごと、お母さんごっこなど） フェルトでつくったお寿司	・人形 ・絵本 ・手遊び ・花びら集め ・小動物と遊ぶ ・野菜スタンプ ・ボディーペインティング

　この時期は手先の発達が著しくなり、ひも通し、型はめ、棒落としなどの玩具で集中して遊ぶようになります。集中して遊びが楽しめるコーナーをつくることも一つの方法です。

4　2～3歳ごろの遊び

　図表9-4に2～3歳ごろの遊び方をまとめています。

①関わり方のポイント

　他児に興味を示し、友だちが使っているものを横取りしてしまうことがあります。「貸してって言えたかな？」と聞くなど、少しずつ遊びをとおしてルールを知ることができるよう導いていきます。自分の要求や考えを主張し、保育者に受け止められる経験を積み重ねていくことで、他者の存在や要求を受け入れられるようになっていきます。この時期は、保育者が仲立ちしながら、友だちと一緒に遊ぶ機会をつくっていきましょう。

　また、遊びのなかで、子どもがそのときの状況や自分の気持ちを話すことを楽しむ場面がみられるようになります。話す力が養えるよう、子どもの話に耳を傾けながら聞いている姿勢を見せ、保育者が話すときには、子どもが理解できる言葉でゆっくり話すことを心がけましょう。

図表9-5 3～3歳11か月ごろの遊び方の例

体を使った遊び	指先を使った遊び
・かけっこ ・鉄棒にぶら下がる ・三輪車のペダルをこいで遊ぶ ・上投げでキャッチボール ・ケンケン ・階段の段差からジャンプをする ・でんぐり返し ・ブランコをこぐ 3歳児の ケンケン遊び	・粘土遊び ・折り紙やハンカチを2つや4つに折る ・はさみを使って紙を切る ・積み木で建物をつくる
人との遊び	その他の遊び
・子どもたちと一緒にお店屋さんごっこや電車ごっこ ・保育者と一緒に歌を歌う	・絵本 ・砂場でトンネルやお山をつくる ・花の水やり ・草花つみ ・シャボン玉 ・わらべ歌遊び

②**保育上の留意点**

　長時間一人で遊ぶなど、集中力がついてきます。友だちと玩具の取り合いもしますが、少しずつ貸し借りができるようになります。運動量はますます増えてくるので、室内でも思い切り遊べるように、不要なものはしまうなど、スペースをうまく活用しましょう。そして危険を予知しながら、安全面には十分配慮することが大切です。

　この時期、自分以外の人を意識しはじめるようになります。特に親は、子どもにとって身近な存在で、お母さん（お父さん）ごっこを喜んでします。保育者も一緒に参加することはもちろんですが、この時期に合った現物に見立てやすいものを用意し、ごっこ遊びが楽しめる環境づくりを工夫することが大切です。保育所で読んでいる絵本、歌、手遊びを保護者に紹介し、子どもの興味を一緒に共有していきましょう。

5　3～3歳11か月ごろの遊び

　図表9-5に3～3歳11か月ごろの遊び方をまとめています。

①**関わり方のポイント**

　自分の経験を言葉で伝えられ、保育者の質問にもこたえられるようになります。より一層友だちとのやりとりが増え、自我を通そうとすると

ともに、相手の気持ちを受容できるようになっていきます。そのなかでけんかをすることもあります。保育者はその様子を見逃さず両方の言い分に耳を傾け、子どもが「先生は私の話を聞いてくれているんだ」「見てくれているんだ」と安心感がもてるような関わりをもち、信頼関係を築いていくことが大切です。

②保育上の留意点

この時期の子どもは、身の回りのことをほとんど自分でできるようになります。自分でできることが増えるにつれ、自立心が芽生え、何事にも前向きにチャレンジしようという気持ちが強くなっていきます。生活面や遊び面においても、子どもたちの「やってみたい」という気持ちを大切にしましょう。保育者が子どもの代わりにしてあげると時間の短縮にはなりますが、それは保育者中心の考え方であり、子どもの育ちの芽を摘んでいることになります。じっくり、焦らず子どもを見守ることが大切です。時には甘えたい子どもの気持ちを受容することも、けっして悪いことではありません。子どもの様子に合わせて臨機応変に対応していきましょう。

以上、乳児の遊びと保育者の関わり方および保育上の留意点をまとめました。どの年齢にも共通していえることですが、子どもが自主的に遊べる環境づくり、そして意欲や関心をさらに引き出せるような保育環境を構成することが、保育者としての重要な役割となります。

2. 遊びをとおした保育者との関わり

1 発達に合わせた関わり

乳児期においては、保育者との愛着関係を築くためにも、一人ひとりと十分に関わりをもつことはとても大切なことです。特に0歳児においては応答的な関わりが求められます。つまり、保育者が子どもの様子に気づき、言葉以外のコミュニケーション方法で関わり、援助することです。子どもは「眠い」「おなかがすいた」「おしりがぬれて気持ち悪い」といった不快な感情を、言葉ではなく泣いて表現します。乳児期においては、喃語や表情など、子どものサインを感じ取り受容することで、子どもは心の安定を得て、言葉の獲得へとつながります。

2歳児クラスになると自分でできることが増え、語彙数もかなり増えていきます。保育者は、子どもの発達に合った関わりをすることはもちろんですが、言葉を引き出せるように、「○○してはダメよ」と断定す

る言葉かけではなく、「〜どうしたの？」「どうしたらいいかな？」などと、子どもが「あれ？」と気がつくような言葉かけを工夫していくことが大切です。

　乳児クラスの運営は複数担任ですが、たとえば室内の自由遊びの場面で、ブロックをしている子ども、絵本を見ている子ども、電車ごっこを楽しむ子どもがいると、すべての遊びを見守るのは大変です。そこで、**静の遊び***と**動の遊び***をしている子どもに分けてコーナーをつくったり、ほかの部屋に移動して遊ぶなど、空間の工夫をすることが大切です。グループに分けることで、保育者はゆとりをもって関わることができるだけではなく、安全面にも配慮することができます。

2　他児との関わりから期待できる育ち

　乳児期は、保育者と子どもとの関わりが中心ですが、2歳児クラスくらいになると、個人差はありながらも少しずつ他児との関わりがみられるようになります。その間の発達過程で、玩具を取られた、友だちにたたかれたなど、苦い経験を味わうことがあります。このような経験を経て、子ども同士の関わりが強くなります。つまり、他児と関わるなかで、子どもの主体的な活動は深まっていくのです。このような経験ができるよう、保育者は子ども個人の発達過程や性格、他児との関係をとらえ、個々に対応していきます。

　大切なことは、子どもたちの状況により援助の方法は異なるということです。そのため、日ごろから子どもの様子をしっかりとらえて、理解したうえで、柔軟な対応ができる力を養うことが求められます。子どもたちが、友だち、大人、地域の人々と関わる経験をもち、人が支え合って生きていることの大切さを伝えていきたいものです。

　また、自分でできることは自分で行うなど、自ら考え主体的に行動できる子どもに育てていくことを、保育者は目指していく必要があります。そして、子どもの興味や関心をいち早くキャッチし、遊びや生活環境に取り入れられるような「保育を展開する力」を養えるよう、学びを深めていきましょう。

3．外遊びや散歩の場面での関わり

　0歳児クラスでは、1歳前後になると、個々の生活リズムを大切にしながらも外遊びの機会が増えていきます（写真9-1）。園庭ではいはい

❋ **用語解説**

静の遊び
絵本を読んだり、絵を描いたりするなど、落ち着いて遊ぶこと。

動の遊び
かけっこやごっこ遊びなど、体を動かして遊ぶこと。

をしたり、保育者に抱っこしてもらいながら花壇のお花を見たりします。散歩に行くとき、歩行が安定していない場合はベビーカーやお散歩車を使用しますが、歩行が安定している子どもは歩いて出かけます。

写真9-1　アリさんいたよ

20年くらい前は、「子どもの年齢」×「1km」が歩くことができる距離の目安とされていましたが、今では難しいといわれています。0・1歳児では、固定遊具で遊ぶよりは、歩いたり、芝生の坂の上り下りといった足腰を使った遊びを十分に楽しみたいものです。

　2歳ごろになると、すべり台やジャングルジムなどの固定遊具を使用し、遊びも活発になってきます。他児の存在も意識するようになり、「ブランコでは10数えたらお友だちと交代する」「すべり台は階段から上ってすべる」といったルールを守ろうとしますが、まだまだ保育者の見守りが必要な時期です。

　散歩に行くときには、季節に関係なく、麦茶などの水分を持参し補給するようにします。また、外遊びをとおして、子どもたちに四季があることを伝えていけるような保育を工夫していきましょう。

エピソード　畑で白菜を発見

　12月の保育場面で、1歳児クラスの子どもたちは近所の畑にお散歩にでかけました。お友だちと2人で手をつないで「野菜あったね」と、収穫後に残っていた白菜の葉をうれしそうに拾いました。そして「おかぁしゃんのおみやげ」と、大切に保育所までもって帰りました。

写真9-2　季節のスケッチ

　このように、散歩にはいろいろな発見があります。特に日本には、四季折々の草花や食べ物などがあります。たとえば、春には桜の花びらのシャワーを楽しんだり、ダンゴムシを見たり、夏には朝顔の花びらで色水遊びをしたり、秋にはどんぐりや栗を拾ったり、冬には霜柱を足で踏んで音を聞いたりといった、その季節、その年齢で

しか味わえないことを十分に体験する機会を、保育者が月案や週案に取り入れるようにします。

散歩のときに、子どもが「先生、お花が咲いているね」と言ってきたときに、保育者は「きれいなお花ね」などとこたえるのではなく、具体的な花の名称を言えるようにしましょう。食べ物、草花、洋服、天気、歌、製作、遊びなど四季を感じられるものはたくさんあります。保育現場に出てから季節の草花を調べる時間はほとんどありません。そこで、学生であるうちに、自分が感じた季節を絵や写真にしたり、行事の由来を書いてまとめたりしておくことをおすすめします（写真9-2）。現場にでたときに、ごく自然に季節を保育に取り入れられる保育者になるために、今から学びを深めていきましょう。

4. 乳児期の玩具の選び方

乳児の成長を助長する役割を果たす玩具ですが、今は実際に店に行かなくても、インターネットで購入することができるようになりました。保育室には、子どもの発達や興味・関心をとらえながら玩具を用意しま

図表9-6 乳児の玩具選びの基準

選ぶ基準	ポイント
心地よい音がする	自然で聞きやすい音がおすすめ。ガラガラ、マラカス、オルゴールなどがあげられる。
感触がよい	触ったときに安心できるような感触のもの。玩具を握ったり、投げたり、持ち上げたりするときに適度な重さを感じられることが必要。
配色がきれいである	乳児の視力は新生児で0.02程度なので、大人と同じようには見えないことを考慮しながら、はっきりとした色や配色がきれいな玩具を選ぶ。
形がはっきりしている	視力を考慮し、はっきりとした形の玩具を選ぶ。
丈夫で壊れにくい	安全性に配慮した玩具を選び、玩具が壊れていないか、口に入れても大丈夫かなど、必ず点検を行う。
修理することができる	万が一壊れても直しやすい構造の玩具を選ぶ。壊れたら捨ててしまうのではなく、直す方法もあることを知っておくとよい。
乳児だけではなく、大人やお年寄りも楽しめる	核家族が日常化した今、玩具をとおして世代を超えた関わりを大切にしてほしいという点で、こういう玩具も選択肢に入れるとよい。

すが、どのようなことに配慮して選べばよいでしょうか。ここでは既製品の玩具を選ぶ基準についてみていきます（図表9-6）。

　手づくりの玩具にも共通することですが、長もちする玩具、いろいろな遊び方ができる玩具を子どもに用意することによって、遊びの幅が広がり、子どもたちも考えながら工夫をこらして「自分の遊び」を楽しむことができます。

5．乳児のための手づくり玩具

　乳児クラスに入ると、手づくりの玩具を用意している園が多くあります。手づくりの玩具は、いつ見てもどこか懐かしく温かい気持ちにさせてくれます。ここでは手づくり玩具のメリットをあげるとともに、つくり方を紹介していきます。

1　手づくり玩具のメリット

　手づくり玩具のメリットは、以下のとおりです。
・玩具に愛情がつまっていて、子どもが使うことで愛着をもつ。
・安全性に配慮することができる。
・手づくり玩具をとおして、子どもがものを大切に使うことができるようになる。
・手づくり玩具をつくる過程で工夫ができる。
・使用する材料の性質について、つくり手が把握できる。
・洗える玩具、持ち運びができる玩具など、用途に応じてつくることができる。
・壊れたときや汚れたときに、補修したり、つくり直したりするのが容易である。

　つくり手が愛情を込めて、子どもたちのためにつくる玩具は、それぞれの子どもの発達や興味に基づいて、オリジナルの要素を取り入れることができます。たとえば、ガラガラが好きなようであれば、中にどんな音がするものを入れればよいのかを考えることができます。お金をかけずに身近な材料を使用できることも、手づくり玩具のよいところといえます。

　また、保護者は、これらの手づくり玩具を保育室で見たときに、「自分の子どもは保育園で大切に育てられているのね」と、うれしい気持ちになるものです。クラスだよりを通じて、保護者に手づくりの玩具を紹

介したり、つくり方を伝えることもおすすめです。

2 手づくり玩具のつくり方の例

手づくり玩具は、一つのつくり方だけではなく、いろいろ応用ができるので、工夫してつくってみましょう。

手づくり玩具をつくるときは、子どもが直接口につけるものにはなるべく塗装をしたりボンドを使用したりせず、布を縫いつけたりして工夫をしましょう。また、絵の具を使った場合には、テープなどで覆って安全面に気を配りましょう。以下に、手づくり玩具のつくり方をいくつか紹介します。

・「青虫のガラガラ」（写真9-3左）のつくり方

①ペットボトルのキャップを2つ合わせ、いろいろな音がするものを中に入れる。キャップをボンドで接着し、乾いたらビニールテープで固定する。その後、さまざまな色のフェルトを使い、キャップを縫いかぶせる。

②頭部をつくり、目を縫いつける。

③キャップ同士をつなぎ合わせられるように身体の部分にマジックテープを縫いつける。

・「なんでも食べられるよ」（写真9-3中央）のつくり方

①四角い布を2枚用意し、スーパーの袋などを布の間に入れ、縫い合わせる（袋はなるべく音の出るものがよい）。

②洗えるフェルトを用意し、子どもの顔と食べ物をつくる（フェルトを2枚重ねで縫うと丈夫になる）。

③食べ物にはマジックテープをしっかり縫いつけておく。

④子どもの口はファスナーでつくり、食べ物を口から受けられるように布の裏側にポケットをつけておく。

⑤①の布に子どもの顔を縫いつける。

写真9-3 手づくり玩具の例

青虫のガラガラ

なんでも食べられるよ

棒落とし

・「棒落とし」(写真9-3右)のつくり方
①空き箱の上ぶたに、丸や三角、四角に縫いつけたフェルトに穴をあけたものを貼る。
②箱の上ぶたにも、フェルトの穴の位置に合わせ穴を開ける。
③子どもが誤飲しない長さに切ったストローにマスキングテープを巻いていく。切った断面が安全か確認する(アイスの棒を利用してもよい)。

6. スキンシップをはかる絵本の役割

　保育の場面で、絵本は朝の会、給食の前、おやつのあとなど、集団の場面で読まれることが多いのですが、本来は、子どもを保育者のひざに座らせ、1対1、または1対少人数で読むことをおすすめします。なぜなら、保育者のぬくもりが感じられ、コミュニケーションがとれるだけでなく安心感を与えることができます。また、子どもが前のページに戻すこともでき、自分のペースで読み進めることができます。子どもが選んだ本を保育者に差し出してきたら優しく応じ、スキンシップを十分に味わいたいものです。

　絵本は、子どもの興味や関心、発達に合ったものを選びます。絵本に対象年齢が書かれているものもありますので、目安にしてみましょう。乳児クラスには、絵や色彩がはっきりしているものや、**オノマトペ***が使われているもの、言葉の繰り返しがあるものなどがよいでしょう。絵本の読み方は、抑揚をつけなくても強弱やスピードを変えるなど工夫します。特に乳児に読む場合は、言葉を習得する時期なので、はっきり、ゆっくり読むよう心がけましょう。

　最後に、乳児におすすめの絵本を紹介します。
『じゃあじゃあびりびり』(作・絵：まついのりこ、偕成社)
『ぴょーん』(作・絵：まつおかたかひで、ポプラ社)
『だるまさんシリーズ』(作：かがくいひろし、ブロンズ新社)
『しろくまちゃんのほっとけーき』(作：わかやまけん、こぐま社)
『いやだいやだ』(作・絵：せなけいこ、福音館書店)
『くだもの』(作：平山和子、福音館書店)

✳用語解説
オノマトペ
擬音語、擬態語のこと。「わんわん」「がたんごとん」など。

演習課題

①春、夏、秋、冬の旬の野菜、果物を調べてみましょう。
②玩具売場に行き、0・1・2歳児ごとにおすすめの玩具を調べ、選んだ理由や遊び方などをグループごとに発表してみましょう。
③乳児を対象としたベストセラーの絵本を5冊調べ、なぜベストセラーになったのか理由を考え、グループで発表してみましょう。

レッスン**10**

乳児の生活と保育者の関わり

このレッスンでは、乳児の基本的生活習慣と保育者の援助について学んでいきます。乳児は、大人の援助なくして生活していけないため、養護的な関わりが重要になります。食事、睡眠、排泄、着脱などの援助のポイントをみていきましょう。

1. 乳児保育における養護の考え方

まず、乳児保育における「養護」について学んでいきます。保育所保育における「養護」と「教育」の一体的な展開について理解しましょう。また、「養護」のねらいである「生命の保持」と「情緒の安定」についてもくわしくみていきます。

1 養護の重要性

乳児保育においては、「養護」と「教育」をどのようにとらえればよいのでしょうか。保育所保育における「養護」と「教育」について、「保育所保育指針」では、次のように記されています[†1]。

> 保育所は、その目的を達成するために、保育に関する専門性を有する職員が、家庭との緊密な連携の下に、子どもの状況や発達過程を踏まえ、保育所における環境を通して、養護及び教育を一体的に行うことを特性としている。

保育所保育においては、「養護」か「教育」のどちらか一方だけでなく、「養護」と「教育」を両輪として、豊かな人間性を育てていくということを意識しておくことが重要です。それは乳児保育においても同様ですが、子どもがまだ幼く未熟なため、特に「養護」の視点をしっかりもつことが大切です。乳児は、自らの力で遊びや生活を展開できないので、大人の支援が常に必要になります。「養護」を形成する、「生命の保持」と「情緒の安定」を基本とした生活を支えていくために、「教育」という視点が位置づいています。

子どもは"自分が守られている""大人から愛されている"という安心感

▶出典
†1 「保育所保育指針」第1章1（1）「保育所の役割」イ

や大人への愛着をもつことで、心地よい生活を送ることができます。それは大人から受ける生理的な心地よさというものです。そのような心地よさを感じると、子どもからの働きかけも旺盛になります。子どもからの働きかけを尊重し、応答的な関わりを基本にしていくことで、さまざまなものごとに興味や関心が芽生えてきます。つまり、大人と子どもがしっかりやりとりをしていくことが「教育」につながるのです。それらを礎にして、子どもが自ら意欲をもって主体的に遊びや生活をつくり出す力を備えていきます。

エピソード　登園時にみた「養護」と「教育」

　朝の登園時、1歳3か月のAちゃんは、お母さんに抱かれて入室してきました。担任保育者が「おはようございます。Aちゃんの体調はいかがですか？」と笑顔で言うと、Aちゃんのお母さんも「おはようございます。Aは今朝もご飯をたくさん食べて、機嫌もいいし元気です」とこたえました。すると、Aちゃんは笑顔で保育者を見て、両手をだして抱っこを求めてきました。「Aちゃん、おはよう」と保育者がAちゃんを抱きながら顔をのぞき込むと、「あーあー」と声をあげてこたえる姿がありました。保育者は「Aちゃん、ごあいさつ上手にできたね」と言うと、Aちゃんはうれしそうな表情を見せました。

　担任保育者とAちゃんの母親とのやりとりからは、「生命の保持」や「情緒の安定」に関する内容が見受けられ、「養護」の視点が感じられます。では、このなかで、「教育」の視点は感じられるでしょうか。Aちゃんは担任保育者を求めて笑顔で手を伸ばしていることから、自分が担任保育者から受容されていることを感じています。そしてAちゃんは、担任保育者と母親の毎朝の会話や表情、行動を見て、あいさつをすることを理解して、声をあげて自分なりに表現しています。

　このことから「養護」に加えて、「教育」の視点である、健康、人間関係、環境、言葉、表現に関する内容や配慮がなされていることが見いだせます。「養護」を基盤としながら、同時に「教育」も展開していることがわかります。ここで忘れてはいけないのが、「養護」は毎日の繰り返しの生活上にあり、マンネリ化しやすいということです。当たり前の会話にせず、「なぜこの援助が必要なのか」を常に問いながら、一貫した関

わる姿勢をもたなければなりません。

2 生命の保持

「養護」における視点のうちの一つが「生命の保持」です。「子どもの命を守るのは保育者にとって当たり前である」という心構えは必須です。しかし、「生命の保持」とは、病気やけがをさせないというだけではなく、保育所等が温かい雰囲気で、一人ひとりの乳児の依存や生理的欲求が十分に満たされ、乳児自身が愛されているという安心感とともに心地よく過ごせるということが含まれます。

「保育所保育指針」の「生命の保持」について、みてみましょう[†2]。

▶出典
†2 「保育所保育指針」第1章2（2）「養護に関わるねらい及び内容」

ア　生命の保持
（ア）ねらい
①一人一人の子どもが、快適に生活できるようにする。
②一人一人の子どもが、健康で安全に過ごせるようにする。
③一人一人の子どもの生理的欲求が、十分に満たされるようにする。
④一人一人の子どもの健康増進が、積極的に図られるようにする。
（イ）内容
①一人一人の子どもの平常の健康状態や発育及び発達状態を的確に把握し、異常を感じる場合は、速やかに適切に対応する。
②家庭との連携を密にし、嘱託医等との連携を図りながら、子どもの疾病や事故防止に関する認識を深め、保健的で安全な保育環境の維持及び向上に努める。
③清潔で安全な環境を整え、適切な援助や応答的な関わりを通して子どもの生理的欲求を満たしていく。また、家庭と協力しながら、子どもの発達過程等に応じた適切な生活のリズムがつくられていくようにする。
④子どもの発達過程等に応じて、適度な運動と休息を取ることができるようにする。また、食事、排泄、衣類の着脱、身の回りを清潔にすることなどについて、子どもが意欲的に生活できるよう適切に援助する。

「生命の保持」に関わる保育者の支援として、子どもの健康状態を知ることが大切です。そのために、登園時の保護者との会話や連絡帳などにより、子どもの体調や機嫌、家庭での食事内容、睡眠や排便、体温な

どを把握します。また、登園時の子どもの表情や行動、顔色なども観察します。保育時間中も発熱、下痢、発疹などの病気のサインを見逃さないように気をつけます。必要に応じて嘱託医などとの連携をはかっていきましょう。

また、子どものまわりの環境、遊具などを点検して、衛生的な環境を維持しながら事故防止に努めることが大切です。

病気やけがなどの子どもの健康の変化については、連絡帳や健康チェック表などに記入し、保育者全員がその内容を共有します。そのうえで保護者にきちんと伝えることが非常に大事です。保護者とは信頼関係を構築し、連絡をとりあえるようにしておきます。また、保育者は、子どもの病気や感染予防の方法、事故防止などの情報を常にチェックし学び、園だより・クラスだより、掲示板などで保護者にわかりやすく伝えていくようにします。

子どもは成長とともに行動範囲が広がるので、一人ひとりその活動を保障しながら、保健的で安全な保育環境をつくっていかなければなりません。

インシデント①　子どもの安全に関わる保護者への連絡

2歳のBくんは、近所の公園で偶然セミのぬけがらを見つけました。同じ年齢のCくんが「ちょうだい」と言いましたが、Bくんは握ったまま離さなかったため、叩き合いになってしまいました。担任保育者が止めに入ろうとしたとき、Bくんはバランスを崩して転び、その弾みで唇をかんで血がでてしまいました。急いでぬれタオルで冷やし、大事には至りませんでした。担任保育者はその日の連絡帳に、セミのぬけがらを見つけたこと、けんかをして唇をかんでタオルで冷やしたことを記しました。次の日の朝、Bくんのお母さんから、唇のけがについて口頭で連絡してほしかったと言われました。

上記のような小さなけがは、保育のなかでは日常茶飯事です。Bくんのけがが大きな傷にもならなかったので、「連絡帳で伝えてもよい」と担任保育者は思ったのかもしれません。しかし母親にとっては、大切なわが子のけがであり、口頭で伝えてほしかったというのは当然です。けがに対しては、保育者間で共有し、保護者に直接口頭で伝えることが必要です。

保育者は、保護者との朝夕の送迎時の会話を中心に、連絡帳、保育参加、懇談会などにより、家庭との情報交換を行うことが大事です。その

情報を活用し、子どもの食事、排泄、睡眠・休息、遊びなどが健全に営まれるようにしていきます。それが「生命の保持」につながります。「生命の保持」の根底となる考えが示されている法令として「日本国憲法」「児童福祉法」「児童憲章」「子どもの権利条約」などがあげられます。

3 情緒の安定

「養護」のもう一つの視点は、「情緒の安定」です。「情緒の安定」とは、生活のなかで、子どもが落ち着いた気持ちで過ごせることです。一人ひとりの子どもを保育者がていねいに受け止め、共感していくことで、子ども自身が受容されていると感じていきます。そして、「ありのままの自分でいい」という自己肯定感の形成につながっていきます。しだいに芽生える「自分でやりたい」という気持ちも、自己肯定感に後押しされ、安心して自立にむかえます。

近年、保護者の働き方の変化等により、長時間保育のなかで過ごす子どもが増加しています。さまざまな状況を踏まえ、子どもの心身の状態を理解し、子どもの気持ちに寄り添う援助をしていくことが求められます。

以下に、「情緒の安定」について、みていきましょう[†3]。

▶出典
†3 †2と同じ

イ 情緒の安定

（ア）ねらい

①一人一人の子どもが、安定感をもって過ごせるようにする。

②一人一人の子どもが、自分の気持ちを安心して表すことができるようにする。

③一人一人の子どもが、周囲から主体として受け止められ、主体として育ち、自分を肯定する気持ちが育まれていくようにする。

④一人一人の子どもがくつろいで共に過ごし、心身の疲れが癒されるようにする。

（イ）内容

①一人一人の子どもの置かれている状態や発達過程などを的確に把握し、子どもの欲求を適切に満たしながら、応答的な触れ合いや言葉がけを行う。

②一人一人の子どもの気持ちを受容し、共感しながら、子どもとの継続的な信頼関係を築いていく。

③保育士等との信頼関係を基盤に、一人一人の子どもが主体的に活動し、自発性や探索意欲などを高めるとともに、自分へ

> の自信をもつことができるよう成長の過程を見守り、適切に働きかける。
> ④一人一人の子どもの生活のリズム、発達過程、保育時間などに応じて、活動内容のバランスや調和を図りながら、適切な食事や休息が取れるようにする。

　保育者と子どもが日々、スキンシップをとり、心を通わせながらやりとりを繰り返すなかで、子どもが安心して、自分の感情を表出することができるようになります。子どもは、自分の欲求をかなえてくれる保育者に対し、親しみと信頼感を抱いていきます。

　また、スキンシップとともに言葉のやりとりをすることは、心の安定と子どもの身体感覚を育て、それらをもとに子どもは保育者の気持ちや言葉の表す意味を理解していきます。

　信頼関係が形成されるなかで、子どもが日々の生活において物事に挑戦する意欲の獲得、また、失敗や嫌なことに直面したときにも逃げない強さや折れない心を保てるようになることが大事です。それが、人生のあらゆる営みを支えるといわれている、**非認知能力**の育ちとも関係していきます。

　「保育所保育指針解説」において、「子どもは、保育士等をはじめ周囲の人からかけがえのない存在として受け止められ認められることで、自己を十分に発揮することができる。そのことによって、周囲の人への信頼感とともに、自己を肯定する気持ちが育まれる。特に、保育士等が、一人一人の子どもを独立した人格をもつ主体として尊重することが大切である[4]」と記されています。保育者は、子ども一人ひとりの人格を十分に認め尊重していく姿勢と、保育者として子どもの最善の利益をしっかり考えられる高い倫理観をもつことが必要です。

2. 乳児の食事

　乳幼児期は、一生のなかで発育・発達が最も目覚ましい時期です。特に乳児期は「食べる」という行為が大きく変化していきます（図表10−1）。乳汁以外の食べ物をはじめて口にする離乳食は、まわりの大人に見守られながら、少しずつ食べ物に親しんで、かむこと（咀嚼）と飲み込むこと（嚥下）の体験を積み重ねていきます。

　乳汁から離乳食を経て、幼児食までスムーズに進むよう、一人ひとり

参照
非認知能力
→レッスン1

▶**出典**
[4]「保育所保育指針解説」第1章2（2）「養護に関わるねらい及び内容」イ（ア）

図表10-1 乳幼児期の食事の変遷

哺乳　　離乳食　　幼児食

の成長・発達に合わせた援助をしていきます。

1　乳児の食育

　母乳やミルクだけの時期を過ぎ、個人差はありますがだいたい5～6か月ごろから離乳食が始まります。離乳食の当初は、「口からだしてしまう」「手でぐちゃぐちゃにする」などの行動がみられます。乳児の食育で大切なのは、「食べることを好きになる」ことです。もちろん、残さずに食べることや食事のマナーも、いずれは大事な食育となっていきます。

　離乳食は1日1回ひとさじ飲み込むことからはじめ、徐々に食べる食品の量や種類、献立や調理形態を変化させながら、つぶす、かむ、飲み込むができるようにしていきます（図表10-2）。アレルギー等に十分気をつけながら、さまざまな食べ物と出合い、そのおいしさや食べる楽しさを伝えていくことが食育となります。幼児食に移行する1歳ごろからは、保育者に励まされ友だちと一緒に食べることで、好き嫌いなく食べようという気持ちや、食事のマナーを知るなど、望ましい食習慣をつくっていくようにします。

　食べることは、生きるための基本的な行為です。乳児の食育というと特別なことを思いがちですが、毎日の楽しい食事を積み重ねていくことが大切です。保育者や友だちと一緒に和やかな雰囲気のなかで食事をとり、その時間を穏やかに共有していくことで身近な人との信頼関係を深め、生きる力が育まれ、幼児期以降の食育につながっていきます。

インシデント②　赤ちゃんの食育って何だろう？

　生後8か月のTちゃんが、離乳食を食べながら泣きだしてしまいました。担当は新人のA先生です。Tちゃんが眠くなる前に急いで食べさせようと、Tちゃんのペースに合わせず、声かけも少ないまま、スプーンに大盛りで食べさせていたのです。それを見ていた

補足

「食育基本法」
2005（平成17）年に施行。不規則な食事の時間、栄養の偏りなどにより、体だけではなく心の健全さも失われているとして、家庭や保育所、幼稚園、学校、また地域全体での食育推進を掲げた法律である。

先輩の保育者は「保育者がゆったりとした気持ちで接すると、赤ちゃんも『食べることってうれしいな、楽しいな』という気持ちになるのよ。その子の様子を見ながら、気持ちやペースに合わせていかないと」と伝えました。

A先生はハッとしました。乳児の食育は"毎日の繰り返しのなかで培われる"ことを忘れて、Tちゃんに寄り添った対応がおろそかになっていたと反省しました。

図表10-2　離乳食のすすめ方の目安

	離乳の開始 →→→→→→→→→→→→→→→→→→ 離乳の完了				
		生後5、6か月ごろ	7、8か月ごろ	9か月～11か月ごろ	12か月～18か月ごろ
食べ方の目安		○子どもの様子をみながら、1日1回1さじずつ始める。○母乳やミルクは飲みたいだけ与える。	○1日2回食で、食事のリズムをつけていく。○いろいろな味や舌ざわりを楽しめるように食品の種類を増やしていく。	○食事のリズムを大切に、1日3回食にすすめていく。○家族一緒に楽しい食卓体験を。	○1日3回の食事のリズムを大切に、生活リズムを整える。○自分で食べる楽しみを手づかみ食べから始める。

食事の目安

	調理形態	なめらかにすりつぶした状態	舌でつぶせるかたさ	歯ぐきでつぶせるかたさ	歯ぐきでかめるかたさ
1回当たりの目安量	I 穀類(g)	つぶしがゆから始める。すりつぶした野菜なども試してみる。慣れてきたら、つぶした豆腐・白身魚などを試してみる。	全がゆ50～80	全がゆ90～軟飯80	軟飯90～ご飯80
	II 野菜・果物(g)		20～30	30～40	40～50
	III 魚(g)または肉(g)または豆腐(g)または卵(個)または乳製品(g)		10～15 10～15 30～40 卵黄1～全卵1/3 50～70	15 15 45 全卵1/2 80	15～20 15～20 50～55 全卵1/2～2/3 100

出典：厚生労働省「授乳・離乳の支援ガイド」2007年をもとに作成

図表10-3　離乳食の食べさせ方

離乳食初期5～6か月ごろ

離乳食中～後期7～11か月ごろ

乳児は、安心できる保育者がそばにいて、「おいしいね」などと優しく声をかけられるのがうれしいのです。離乳食は、乳児とやりとりをしながら、一緒に楽しんで食べるようにしましょう。保育の場は時間に追われがちですが、子どもを第一に考え、食事にゆとりをもつことを忘れないようにしてください。

　食事は身体の諸感覚を豊かにします。「食べる」ことで身体の諸感覚を使いながら経験を積み重ね、「食を営む力」の基礎が培われていきます。

2　食事における保育者の関わり

　離乳食初期は抱っこで、離乳食に慣れ椅子に安定して座れるころから食事椅子で食べます。机上に食べ物が見えるように置き、子どもが手づかみやスプーンで食べようとする意欲を認めながら、保育者がタイミングよく食べさせます（図表10-3）。1歳ごろからは少人数のグループで食べます。保育者は、子どもが自分で食べようとする気持ちを大事に見守り、一人ひとりに応じた援助をしながら楽しい雰囲気をつくっていきます（図表10-2、10-3）。

3．排泄と着脱

　乳児の生理機能は未熟であり、排泄や体温調節がうまくできません。乳児期の排泄は、反射的な段階から、1歳を過ぎ便意や尿意を感じ、徐々に自立排泄へというプロセスをたどっていきます。

　1、2歳ごろまでは、保育所等の一日の生活のなかで、排泄や午睡の

図表10-4 排尿を感じるしくみ

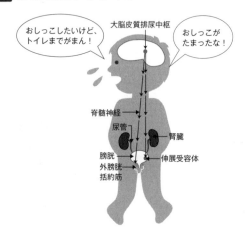

前後、遊びのあとなど、着替えることが多くあります。排泄時の着脱も含め、子どもが自分でやろうとする気持ちを高めるよう援助し、少しずつ着脱の自立へとつなげていきます。

1 乳児の排泄の機能

乳児は膀胱の機能や大きさが未発達です。回数は多く、1回当たりの尿の量は少ないです。生後6か月ごろまでの回数は、1日に15～20回くらいあります。2歳ごろには膀胱の発育が進み、尿がたまると刺激が大脳皮質に伝わって尿意を感じ、自分の意思で排尿できるようになります（図表10-4）。

母乳や粉ミルクなど乳汁栄養のみの時期の便は水分が多く、回数も頻繁です。新生児期ごろの排便は、腸の反射的な動きで排出され、体の筋肉が発達する生後3か月ごろには「いきむ」ようになります。離乳食期には泥状から形のある便になり、1歳を過ぎると便は固くなり、回数も1日に1～3回程度になってきます。

2 おむつ

乳児の排泄は頻繁であるため、おむつ交換をして常に清潔に保つ必要があります。おむつには**布おむつ**と**紙おむつ**があり、近年は紙おむつが一般的ですが、保育所等によっては**布の貸しおむつ**＊を利用しているところもあります。大切なことは、乳児が心地よく過ごせるものを選ぶことです。

乳児は、おむつ交換を繰り返すことで、「きれいになって気持ちがいい」という清潔に対する心地よさを感じます。おむつ交換を通じて、乳児と笑顔で言葉を交わしながらスキンシップをとり、快適さを感じるようにしていきます。

3 排泄における保育者の関わり

トイレで排泄ができるまでのプロセスを「トイレットトレーニング」または「おむつはずし」といいます。排泄の自立は、子どもの成長のうえで基本となる生活習慣です。

排泄においては、子どもが保育者から常に温かく見守られているという安心感を得ることが大切です。2歳ごろには便器での排泄が安定し、3歳ごろにはおむつがとれて排泄の自立ができます。

➔補足

布おむつ
素材は木綿。通気性・吸水性・耐久性に富むさらしやドビー織などが用いられる。尿・便の色や形態、形状が観察できる白地を用いる。

紙おむつ
素材は表面材・吸水材・防水材・止着材からなる。尿・便を包み込み、漏らさず、むれない多層構造になっている。月齢や体重、男児・女児、夜間用、テープタイプ、パンツタイプなどさまざまな種類がある。

✳用語解説

布の貸しおむつ
布おむつのレンタルサービス。レンタル業者と保育所が契約し、子どもが使った月ごとにおむつの枚数を計算し保護者が支払うシステム。布おむつを使いたいが洗濯が大変という、保護者の手間がはぶける利点がある。

図表10-5 着脱の支援

　しかし、遊びに夢中になってトイレに行かず、失敗することもあります。失敗時には叱ることなく、「着替えてさっぱりしようね」と声をかけて援助し、成功時には「トイレでおしっこできたね」と子どもと確認するような援助の積み重ねが、子どもの排泄の自立につながります。
　保育所等で、排泄行為と手洗い、トイレットペーパーの使い方、衣服の着脱を繰り返すなかで、習慣づけていきます。しかし、1～2歳児にとってのトイレは、排尿に対して緊張を感じる場所になることもあります。トイレを嫌がらずに自分から進んで行けるように、トイレを明るく清潔に保つなどリラックスできるよう、環境を工夫することが必要です。

4　乳児の衣生活

　乳児は体温調節機能が未発達なため、保育者が気温に応じて衣服を調整することは、健康を保つために必要なことです。また、よだれや排泄物などで汚れやすいので、清潔に過ごせるような配慮が必要です。
　3歳未満児に適した衣服については、以下のとおりです。
・気温調整に適していること。
・汚れの吸着性・吸湿性に富んだ肌触りのよい素材であること。
・洗濯に耐える丈夫なものであること。
・動きやすく着脱しやすい安全なデザインであること。
・発育に合ったサイズであること。

5　着脱における保育者の関わり

　一人ひとりの乳幼児の体の発育や発達状況に応じて、衣服の着脱ができるよう支援していきます。保育者は、言葉が未発達な乳児でも、清潔や衛生の感覚を育てる声かけと行為を同時にしていくことが大切です。
　「保育所保育指針」の「1歳以上3歳未満の保育」では、「保育士等の助けを借りながら、衣類の着脱を自分でしようとする」と記されていま

す†5。幼児期には、「ズボンよいしょってあげてみよう」「パジャマじょうずに着られたね」など褒めたり声かけをして、自分でやろうとする気持ちを尊重しながら、ていねいに対応することが求められます（図表10-5）。

また、靴も毎日の繰り返しのなかで脱ぎ履きを経験しながら、子どもが自分で履けるように励ましていきます。

▶ 出典
†5 「保育所保育指針」第2章2（2）「ねらい及び内容」ア（イ）⑥

4．睡眠

睡眠は、心身の疲れを回復するとともに、成長するために大切な役割を担っています。乳児はよく**汗をかく**ので、清潔を保つように気をつけなければなりません。

1　乳児の睡眠

新生児から生後2か月ごろの乳児は、昼夜の区別がつかず3～4時間ごとに目覚め、母乳やミルクを飲んではまた眠りにつきます。このような睡眠と目覚めを繰り返すことを、多層性睡眠といいます。3～4か月ごろには、昼間の起きている時間が長くなり、2歳ごろには9～12時間程度の睡眠時間になります。

乳児期から、朝決まった時間に起きて朝日を浴びるようにし、夜眠るときには、部屋を暗くするなど明るさの調整をして、子どもの体内のリズムをつくることが大切です。

2　姿勢や寝具と睡眠の関連

乳児の睡眠の姿勢は多くがあおむけ寝ですが、うつぶせ寝もみられます。どちらの姿勢でも**乳幼児突然死症候群（SIDS）**＊発症の危険がありますが、研究調査からうつぶせ寝のほうが、発症リスクが高いことが明らかになっています。乳児の睡眠中は観察を頻繁に行う必要があります。

室温は20度前後にし、部屋をカーテンなどで薄暗くして、静かで落ち着ける眠りの環境を整えます。

毛布や掛けぶとんなどは、保湿性・保温性・通気性を考慮し、時期や体調に応じて選びます。敷きぶとんは、かためのほうが窒息の危険も少ないです。乳児期は、寝汗や吐乳がみられるので、常に寝具の清潔を心がけます。枕は、タオルを折りたたんでおくと汗拭きにもなります。

◆ 補足
乳児の汗
乳児は、体温調整や汗腺が未熟なため、体内の熱を放出するために汗をかく。汗をかいたあとは、体が冷えないように清潔なガーゼやタオルで拭きとってやる。また、発熱していないか、衣服の調整は適当かなどの確認をすることも必要である。

✻ 用語解説
乳幼児突然死症候群（SIDS）
SIDSとは、Sudden Infant Death Syndromeの略。何の予兆や既往歴もないまま、突然乳幼児が死に至る、原因不明の病気のことをいう。

3 午睡における保育者の関わり

「保育所保育指針」において午睡については、「一人一人の生活のリズムに応じて、安全な環境の下で十分に午睡をする[†6]」と記されています。乳児の睡眠の状況や体調、疲れなどを把握し、一人ひとりに合った援助をしていきます。

寝つきが悪い、むせる、泣きだす、吐乳などがみられるときは、排気がうまくできていない場合があるので、姿勢を変えてみてください。また、呼吸や脈拍の乱れやけいれんがみられるときは、乳児の様子をしっかり観察し、嘱託医などを受診してください。

1～2歳になると、午前中は体を動かして十分に遊びます。おなかがすいて、ご飯をたくさん食べて、落ち着いてから、その子のタイミングで眠りに入っていきます。午睡の前は興奮させないように、絵本や手遊びの教材選びにも気をつけていきます。また保育者は保護者と協力して、子どもの24時間を視野に入れ、家庭→保育所等→家庭という生活の流れを調整しながら、睡眠に対する配慮をしていくことが望まれます。

> 出典
> †6 「保育所保育指針」第2章1（2）「ねらい及び内容」ア（イ）④

5．乳児の健康

保育所保育では、子どもの生命が保持され、情緒が安定した健やかな生活を送ることが求められます。そのため保育者は、子ども一人ひとりの健康状態や発育状態に応じて心身の健康の保持、増進を図る工夫をし、危険な状態の回避などに努めなければなりません。

1 健康観察

日々の保育において、子どもの健康状態を把握することは大変重要です。「保育所保育指針」には、次のように記されています[†7]。

> ア　子どもの心身の状態に応じて保育するために、子どもの健康状態並びに発育及び発達状態について、定期的・継続的に、また、必要に応じて随時、把握すること。
> イ　保護者からの情報とともに、登所時及び保育中を通じて子どもの状態を観察し、何らかの疾病が疑われる状態や傷害が認められた場合には、保護者に連絡するとともに、嘱託医と相談するなど適切な対応を図ること。看護師等が配置されている場合には、その専門性を生かした対応を図ること。

> 出典
> †7 「保育所保育指針」第3章1（1）「子どもの健康状態並びに発育及び発達状態の把握」

ウ　子どもの心身の状態等を観察し、不適切な養育の兆候が見られる場合には、市町村や関係機関と連携し、児童福祉法第25条に基づき、適切な対応を図ること。また、虐待が疑われる場合には、速やかに市町村又は児童相談所に通告し、適切な対応を図ること。

　健康観察のポイントは、子どもの顔色や表情、機嫌、活発さ、遊びの状況、食欲、排便、発疹、発熱などで、毎日ていねいに観察していくことで、違いに気づくことができます。また、朝の登園時の保護者との会話や**連絡帳**などで家庭での様子を知ることで、子どもの健康状態の変化がわかります。

　保育所等での一日の様子や健康の変化を保護者に伝えたり、保護者から家庭での様子を聞くなど、家庭→保育所等→家庭へと連携をすることで相互理解が深まっていき、子どもの生活の24時間を保障していくことにつながります。

　子どもの成長の推移をみる場合、身長・体重・胸囲・頭囲などの測定データと**成長曲線（乳幼児発育曲線）***をあわせてみていきます。正常に発育しているかの確認はもちろんですが、低身長ややせすぎの場合は、看護師、栄養士、嘱託医などの助言を得て保護者に伝えます。

　家庭の養育力の低下や保護者の経済的問題、家族形態の多様化などさまざまな要因が交錯し合い、不適切な養育状態（衛生状態が悪い、児童の生活する環境として望ましくないなど）や、ネグレクトなどの虐待につながっているケースがあります。そのような状況に気づいたときには、施設長と相談し、すみやかに市町村または児童相談所に通告し、適切な対応をはかるようにします。

インシデント③　虐待の対応への遅れ

　Yくん（2歳7か月）は、お母さんと2人の母子家庭です。Yくんは、よくけがをして包帯を巻いてきます。そのたびにお母さんは、「ハサミで切っちゃって」などとわけを話します。ある日の降園時、お母さんがYくんを自転車に乗せようとした途端、「ギャー」という泣き声とともに、Yくんが地面に倒れてしまいました。担任保育者が駆け寄ると、額が大きく切れて血がでていました。すぐに看護師が付き添い病院に行きました。お母さんは「抱っこをして手がすべった」と話していたそうです。その日、お母さんは元気がない様子で少し気になっていたため、担任保育者が家に電話をしまし

◆補足
連絡帳
連絡帳には、健康の変化がわかるように、体温、食事の量、排便の回数や状態などを数字で示し、その日の子どもの様子などを書き示す。具体的な内容は口頭で話すようにする。

※用語解説
成長曲線（乳幼児発育曲線）
厚生労働省が全国の乳幼児を対象に行った発育調査のデータから男女の身長や体重を集計し、成長の推移をグラフにしたもので、10年ごとに実施している。2019（平成31）年現在、2010（平成22）年の「乳幼児身体発育調査報告」による結果が最新として母子手帳などに記載されている。成長曲線は、パーセンタイル（百分位数）という統計方法によって作成されている。

たが、お母さんはでません。
　次の日、Ｙくんはお休みでした。午後になって、児童相談所から園長先生に電話があって、昨日、保健所にお母さんが来て「Ｙを育てられない」と言ってＹくんを置いていったということでした。

　上記のＹくんのお母さんは、「子育ての悩みを抱えていたのではないか」「家庭で虐待があったのではないか」ということが推察されます。もし、「けがのことを放っておかず、一歩踏み込んで声かけをしていたら？」「けがが多いことを園長先生や先輩の保育者に相談していたら？」など、もう少し配慮をしていたら、違う展開があったのではないかという思いに駆られます。その後、Ｙくんは乳児院に入り、お母さんとはときどき面会をしているそうです。各保育所における対応のあり方の検討が求められます。

2　清潔

　昨今の衛生ニーズの高まりから、清潔を保つためのさまざまな衛生用品があります。保育所等において清潔はもちろん大切ですが、あまり清潔にこだわりすぎないようにしなくてはなりません。汚れることを制限するのではなく、汚れたらきれいに洗う、拭く、着替えるなどの行動から、清潔であることの気持ちよさを伝えていくことが大切です。

①沐浴・シャワー浴・清拭・手洗い

　新生児期は疾病への抵抗力がなく、感染予防などから沐浴槽（ベビーバス）を使って体をきれいにします。シャワー浴は、乳幼児にとっては爽快感があるので、保育所等では頻繁に用いられ、暑い時期のあせも予防にも有効です。発熱時や体力の消耗時など沐浴やシャワー浴ができないときは、お湯で濡らしたタオルやガーゼを絞り、汗や汚れを拭きとり清拭をします。

　手指は多くのものに触れて汚れやすく、人の手を通じて病気にも感染するため、手を清潔にすることはとても重要です。乳児期は、遊びの後や食事の前後に、顔や手指をきれいなタオルで拭きます。

　1歳を過ぎたころより、保育者が石けんをつけて一緒に手を洗っていきます。保育者がお手本を見せながら、声をかけて見守っていきます。

②口腔・目・鼻の清潔

　乳歯が生える前は、母乳やミルクを飲ませたあとに白湯を飲ませるようにします。離乳食が始まったら、食後に白湯を飲ませたあと、ガーゼで歯茎を拭くようにします。

2歳ごろから「ぶくぶくうがい」と「がらがらうがい」を教えていきます。最初は飲み込んでしまいますが、毎日の繰り返しで徐々にできるようになります。

　歯ブラシがもてるようになったら、歯磨きを伝えていきます。保育者が手本をみせたり、絵本の教材の活用も有効です。仕上げ磨きなど確認は、保育者が行います。歯みがきを嫌がる子どももいます。無理強いせず、ほかの子どもの様子を見せ合うなどしながら、よい習慣をつくっていきましょう。

　午睡のあと、目やにがでているときは、清潔なガーゼできれいに拭き取ります。また、鼻水がでているときは、柔らかなティッシュペーパーやガーゼで拭き取ります。

◆補足
「ぶくぶくうがい」と「がらがらうがい」
歯や口腔内の清潔のためには「ぶくぶくうがい」がよく、外から帰ったときには、「がらがらうがい」で口腔内の粘膜についたほこりを流すとよい。

演習課題

①2歳児の登園視診時に考えられる「養護」と「教育」に関わる保育者の援助や配慮点をあげてみましょう。

②入園当初の1歳児の情緒の安定をはかっていくために考えられる保育の環境設定や具体的な遊びを、発達過程ごとに調べ、グループで話し合ってみましょう。

③離乳食の段階について調べてみましょう。

レッスン11

3歳以上児の保育とのつながり

3歳までの受容的・応答的な保育を土台に、学級活動や友だちとともに過ごすことに楽しさを感じられるようになるなど、保育が質的に変化する節目が3歳です。このレッスンでは、3歳未満児から3歳以上児の、保育のなめらかな移行について学んでいきます。

1. 3歳未満児の保育の特性

「保育所保育指針」や「幼保連携型認定こども園教育・保育要領」には、「乳児」と「1歳以上3歳未満児」の保育に関するねらいや内容が記されています。これは、3歳未満と3歳以上それぞれの時期に大切にしたい保育のねらいや内容があるということです。

「保育所保育指針」と「幼保連携型認定こども園教育・保育要領」では、乳児期の発達について「視覚、聴覚などの感覚や、座る、はう、歩くなどの運動機能が著しく発達し、特定の大人との応答的な関わりを通じて、情緒的な絆が形成されるといった特徴がある[1]」と記されています。

1 乳児の保育内容

乳児期は、泣いているときは、気持ちを受け止めてもらい、解消してもらうことで「心地よさ」や「安心」を知っていきます。その繰り返しのなかで、身近な人との間に愛着関係を築いていきます。こうした発達の特徴があることから、乳児期の保育は、愛情豊かに、応答的に行われることが大切です。また、乳児保育に関わる「ねらい及び内容」として、「健やかに伸び伸びと育つ」「身近な人と気持ちが通じ合う」「身近なものと関わり感性が育つ」という3つの視点が記されています[2]。

では、3つの視点についてくわしくみていきましょう。

①健やかに伸び伸びと育つ（身体的発達に関する視点）

> ア　健やかに伸び伸びと育つ
> 　健康な心と体を育て、自ら健康で安全な生活をつくり出す力の基盤を培う。
> （ア）ねらい

▶出典
[1]「保育所保育指針」第2章1（1）「基本的事項」ア、「幼保連携型認定こども園教育・保育要領」第2章第1「基本的事項」1

▶出典
[2]「保育所保育指針」第2章1（2）「ねらい及び内容」

①身体感覚が育ち、快適な環境に心地よさを感じる。
②伸び伸びと体を動かし、はう、歩くなどの運動をしようとする。
③食事、睡眠等の生活のリズムの感覚が芽生える。

乳児期は視覚や聴覚などの感覚の発達が著しい時期です。保育者は視線やしぐさから、子どもが感じていることを「気持ちいいね」など言葉にしたり、不安なときには抱き上げたりするなど、応答的に関わります。

また、視覚の発達に合わせておもちゃの位置を変えるなど、環境を整えます。保育者の愛情のこもった関わりと、感覚の発達が促される環境があることで、子どもはしだいに心地よさや快適さを感じていきます。

また、個人差もありますが、多くの子どもは出生からの1年間で、首のすわり、寝返り、一人すわり、はう、立つといった動きを経験します。子どもは、周囲のものに興味を抱き、触ってみたいと思い手を伸ばしたり、信頼する保育者をみつけて喜び手足を動かすなど、心が動くと体も自然に動きます。保育者は、子どもが遊びのなかでのびのびと体を動かすことができる環境を整えていきます。そうすることにより、行動する範囲が徐々に広がり、探索活動が盛んになっていきます。

さらに、「おなかが空いた」「眠い」といった生理的な欲求を子どもが泣いて知らせたときに、保育者が優しく応答することで欲求が満たされ、情緒的にも安定し、しだいに園が安心できる場所になっていきます。ミルクから離乳食になり、食事の時間がおおむね定まり、寝る時間が徐々に一定になっていくなど、生活のリズムも変化していく時期です。一人ひとりの子どもの欲求にタイミングよく保育者が応えることが、とても大切になります。

②身近な人と気持ちが通じ合う（社会的発達に関する視点）

イ　身近な人と気持ちが通じ合う
　受容的・応答的な関わりの下で、何かを伝えようとする意欲や身近な大人との信頼関係を育て、人と関わる力の基盤を培う。
（ア）ねらい
①安心できる関係の下で、身近な人と共に過ごす喜びを感じる。
②体の動きや表情、発声等により、保育士等と気持ちを通わせようとする。
③身近な人と親しみ、関わりを深め、愛情や信頼感が芽生える。

保育者は、乳児の姿から、遊んでほしいのかな、おなかが空いたのか

しらなど、伝えたいことやしてほしいことを受け止めて、ていねいに関わっていきます。乳児が表現して、保育者が受け止め関わるというやりとりを繰り返すことで、保育者との間に愛着関係を築いていきます。安心できる保育者がいること、信頼関係を築くことが、その後の友だち関係や人との関わりの土台になるといわれています。

また、どれほど幼くても、乳児は声や表情やしぐさなどで気持ちや欲求を表現しています。乳児は触ってみたいものがあるときに、手が届かなければ指先を動かして「触ってみたい」と表現したり、興味のあるものをみつけると指をさしたり、驚いたことがあると、保育者の方を振り返って、目で「びっくりしたよ」と伝えてくれたりします。そうした乳児の言葉以外の表現に気づいて、「これが触りたかったの？」「○○あったね」など、乳児が感じていることを言葉で伝えてあげることも、保育者の大切な役割です。乳児は言葉を話す前から、保育者が自分に向けて話す言葉を聞いています。乳児に、ていねいに愛情豊かに関わり、代弁したり、やりとりをすることが、乳児の言葉を育みます。

乳児一人ひとりが、いつでも自分を受け止めてくれる人がいることの喜びや、嬉しさを感じられるようにすることが、保育者の大切な役割です。

③身近なものと関わり感性が育つ（精神的発達に関する視点）

> ウ　身近なものと関わり感性が育つ
> 　身近な環境に興味や好奇心をもって関わり、感じたことや考えたことを表現する力の基盤を培う。
> （ア）ねらい
> ①身の回りのものに親しみ、様々なものに興味や関心をもつ。
> ②見る、触れる、探索するなど、身近な環境に自分から関わろうとする。
> ③身体の諸感覚による認識が豊かになり、表情や手足、体の動き等で表現する。

幼児と同じように乳児も、遊びをとおして心と体の発達が促されていきます。乳児が見えるところ、取り出すことができる場所に、遊びたくなるようなおもちゃなど環境を整えることは、保育者の大切な役割です。

乳児期は発達が著しいので、保育者は乳児の様子から、遊びの環境を変化させていきます。

たとえば、手を握ったり開いたりする時期には、柔らかい握りおもちゃを用意したり、つかむことができるようになると、手を伸ばすと届く位

置に引っ張るおもちゃを整えたりします。さらに、園庭がなかったり自然物が目に入りにくいという場合は、保育室に自然物を飾ったり、風が感じられるように吊りおもちゃを取りつけたりして、園の特性に合わせて工夫していくことも必要です。

　乳児が自ら関わりたくなる環境を整えると、乳児は触ったり取り出したりと、探索的な行動をするようになっていきます。大人からは散らかしているように見えても、乳児にとってはなんだろうという興味や面白いという気持ちの表れです。保育者は、乳児の視線やしぐさ、表情などをよく見て、どんなことに興味があるのか、何を楽しんでいるのかを探り、「ボール、コロコロしたね。楽しいね」「冷たくて、気持ちいいね」など、保育者が気持ちを表現します。そうした関わりをとおして、乳児は、表情や手足、体の動きなどで表現することの楽しさを感じることができるようになっていきます。

2　1歳以上3歳未満児の保育内容

　1歳以上3歳未満児の発達は、「歩き始めから、歩く、走る、跳ぶなどへと、基本的な運動機能が次第に発達し、排泄の自立のための身体的機能も整うようになる。つまむ、めくるなどの指先の機能も発達し、(中略)自分の意思や欲求を言葉で表出できるようになる[†3]」と記されています。

　1歳を過ぎると「自分でやってみたい」という気持ちが芽生えはじめます。また、1歳後半には「イヤ」「ダメ」などと強く拒否したり、長い時間激しく泣いたりという行動がみられるようになります。こうした姿は「自我の芽生え」といわれるもので、1歳以上3歳未満児の特徴的な発達です。「自分らしさ」というのは「自我の芽生え」を経て、より形成されていくと考えられています。やってみたいという気持ちはあっても、自分では行えないことも多く、大人が援助しようとすると、さらに激しく拒否したり、激しく泣いたりすることもあります。複数の子どもがいるなかで、一人ひとりの子どもの気持ちやしたいことを尊重するのは大変難しいことですが、どんなに幼い子どもにも意思がありますから、可能な限り尊重したいものです。また、徐々に言葉で表現できるようになってくるため、大人との関わりのほかに、子ども同士の関わりもみられるようになります。

　そうした発達の特徴に対して、「自分でやりたい」という気持ちは可能な限り受け止めて、できないところは援助したり、できたときにはうれしい気持ちに共感したりと、子どもに温かさやていねいさが伝わるよ

▶出典
†3 「保育所保育指針」第2章2(1)「基本的事項」ア

うな関わりをすることが求められます。また、子どもの言葉を受け止めることで、「話すことは楽しい」「聞いてもらえるとうれしい」という気持ちを育むことが大切です。子ども同士の関わりにおいては、言葉のやりとりだけでは伝わらないときがあるので、子どもの気持ちを保育者の声かけで補ったり、代弁したりして、他者と関わる楽しさを感じられるような援助も必要です。

「1歳以上3歳未満児の保育に関わるねらい及び内容」には、心身の健康に関する領域として「健康」、人との関わりに関する領域として「人間関係」、身近な環境との関わりに関する領域として「環境」、言葉の獲得に関する領域として「言葉」、感性と表現に関する領域として「表現」が記されています[†4]。

では、それぞれの領域についてくわしくみていきましょう。

①健康（心身の健康に関する領域）

> ア　健康
> 　健康な心と体を育て、自ら健康で安全な生活をつくり出す力を養う。
> （ア）ねらい
> ①明るく伸び伸びと生活し、自分から体を動かすことを楽しむ。
> ②自分の体を十分に動かし、様々な動きをしようとする。
> ③健康、安全な生活に必要な習慣に気付き、自分でしてみようとする気持ちが育つ。

　心も体ものびのびと生活をするためには、身近にいる保育者が、子どもの意思を尊重してていねいに関わることが大切です。ひとり歩きができるようになると、探索活動の範囲も広がっていきます。歩きはじめのころは、安全な場所では、好きな方向に自分なりに歩いていったり、好きな場所で立ち止まったりといったことを、十分に保障してあげたいものです。「ひとり歩き」を十分に経験することで、しだいに少し高いところに上る、走るなど、体全体を使って遊ぶようになっていくため、保育者と手をつないで歩いたり、お散歩車での移動ばかりになってしまわないよう、注意が必要です。主体的に体を動かして、十分な時間遊びを楽しむことで、おなかが空く、眠くなるといった安定した生活のリズムが形成されていきます。

　また、自分でやってみたいという気持ちが芽生えて、挑戦するようになります。できることもあれば、頑張って取り組んでもできないことも

▶出典
†4　以下①〜⑤まで「保育所保育指針」第2章2（2）「ねらい及び内容」

あります。できた、できないといった結果ではなく、やりたいと思っている心情を受け止めることや、できるようになりたいと思っていることに対してできるための方法を教えていくことも、保育者の大切な役割です。

②人間関係（人との関わりに関する領域）

> イ　人間関係
> 　他の人々と親しみ、支え合って生活するために、自立心を育て、人と関わる力を養う。
> （ア）ねらい
> ①保育所での生活を楽しみ、身近な人と関わる心地よさを感じる。
> ②周囲の子ども等への興味や関心が高まり、関わりをもとうとする。
> ③保育所の生活の仕方に慣れ、きまりの大切さに気付く。

　保育者が、どのようなときでも子どもを受け止めて、子どもの意思を確認しながらていねいに関わることで、子どもは、人との関わりを心地よく感じるようになっていきます。また、子どものしてほしいこと、やってみたいことを遊びや生活のなかで可能な限り受け止め、かなえてあげようと努めていくと、子どもは、保育所や認定こども園で安心して過ごせるようになっていきます。保育者との信頼関係を構築した子どもは、しだいに周囲の子どもに気づき、ともに遊んだりするなど関わりをもつようになります。子ども同士の関わりは、気持ちがすれ違ったり、ぶつかりあったりすることもあります。そのときに、保育者はしっかりと子どもの気持ちを受け止めて、双方の遊びたい気持ちを支えていく援助をすることが大切です。また、そうした保育者の姿を目にすることで、子どもは相手と自分がともに大切にされていることを感じたり、関わり方を学んだりします。

　また、満足するまで遊びを楽しんだり、欲求を受け止めてもらう生活をとおして、社会には決まりがあることに少しずつ気づいていきます。保育者は、それらを守るものとして伝えるよりも、なぜそのような決まりがあるのか、そうした決まりを守っていく方が遊んだり生活がしやすいということを、子どもに合わせて優しく伝えていきます。

③環境（身近な環境との関わりに関する領域）

> ウ　環境
> 　周囲の様々な環境に好奇心や探究心をもって関わり、それら

を生活に取り入れていこうとする力を養う。
　(ア) ねらい
　①身近な環境に親しみ、触れ合う中で、様々なものに興味や関心をもつ。
　②様々なものに関わる中で、発見を楽しんだり、考えたりしようとする。
　③見る、聞く、触るなどの経験を通して、感覚の働きを豊かにする。

　信頼できる保育者ができると、子どもの探索活動の範囲が広くなっていきます。探索活動をするなかで、いろいろなものを見たり触れたりして、さまざまな体験をします。また、困ったことや戸惑うことがあっても、安心できる保育者の愛情豊かな関わりにより、子どもは周囲への関心を取り戻して、再び探索することができます。探索活動は大切ですが、ときに大人にとって困るような場所へ行こうとしようとすることもあるかもしれません。保育者は、子どもの関心や好奇心が広がりつつあることを考慮したうえで、安全に活動できる環境を構成していくことが求められます。

　また、さまざまな玩具や絵本などで遊ぶなかで、自分の経験したことを再現したり、イメージしながら遊んだりするようになります。子どもの手の届くところに玩具を用意したり、遊びの様子をみながら玩具や絵本を入れ替えるなど、遊びを支える環境の構成をすることが、保育者の大切な役割となります。

④言葉（言葉の獲得に関する領域）

　エ　言葉
　経験したことや考えたことなどを自分なりの言葉で表現し、相手の話す言葉を聞こうとする意欲や態度を育て、言葉に対する感覚や言葉で表現する力を養う。
　(ア) ねらい
　①言葉遊びや言葉で表現する楽しさを感じる。
　②人の言葉や話などを聞き、自分でも思ったことを伝えようとする。
　③絵本や物語等に親しむとともに、言葉のやり取りを通して身近な人と気持ちを通わせる。

「言葉」は、子どもが楽しいこと、したいことなど、誰かに伝えたくなるようなことに出合ったとき、声や言葉で表現すると温かく受け止めてくれる保育者がいることによって育まれていきます。伝えることが楽しいと感じられるように、保育者は、子どもの言葉や身振りなどの表現を優しく受け止めていきます。はじめは短い言葉で表現することが多いのですが、そこにはたくさんの意味があります。言葉のやりとりをするときに、「○○ちゃんは△△でびっくりしたのね」「これは□□よ。おいしかったの？」など、子どもが感じていると思うことを保育者が言葉にしていくことで、しだいに子どもの言葉の表現も広がっていきます。

また、絵本や紙芝居は、リズムのよい好きな言葉に出合えたり、イメージを広げてくれる教材です。しかし、集団で絵本を見るときは、好きなページをじっと見たり、気になるページに戻ったりといった自分なりの見方をすることはできません。したがって、3歳未満の子どもは、クラスみんなで絵本を見ることから始めるのではなく、まずは保育者に、自分だけ、またはごく少数の子どもだけに読んでもらうなかで、絵本が楽しいということを十分に経験することが大切です。そうした経験の先に、みんなで見ると楽しいという場があることが理想です。

さらに、子ども同士でのやりとりも増えていきます。子ども同士では、やりとりがうまくできないこともあります。そのようなときには、子どもの気持ちを補完する言葉を伝えたり、表現できずにいる気持ちを確認したり、保育者が子どもの伝えたい気持ちを大切にして仲立ちをすることで、子ども同士の関わりにも言葉でのやりとりが育まれていきます。

⑤表現（感性と表現に関する領域）

オ　表現
　感じたことや考えたことを自分なりに表現することを通して、豊かな感性や表現する力を養い、創造性を豊かにする。
（ア）ねらい
①身体の諸感覚の経験を豊かにし、様々な感覚を味わう。
②感じたことや考えたことなどを自分なりに表現しようとする。
③生活や遊びの様々な体験を通して、イメージや感性が豊かになる。

子どもの感覚や感性は、自ら行きたい場所を選んだり、触れたいものに触れたりする直接的な経験をすることで育まれていきます。保育所や認定こども園の生活では、さまざまな色・形・素材など見たり触れたりするもの、香り・味わいなど感覚的なものに出合います。そうしたものに関わることでイメージが広がっていきます。水で遊ぶ楽しさや不思議さを感じるために透明な入れ物を用意したり、砂で遊ぶときには手の大きさに合わせたスコップやカップを子どもの手が届くところに置くなど、いろいろな素材に触れることでさまざまな感触や楽しさが味わえるようにします。子どもの感覚や感性は、楽しく遊ぶなかで発達していきます。保育者は、子どもがどのような素材や用具と出合うことが楽しさや興味・関心の広がりにつながるのか、日ごろから教材研究をすることが大切です。

　また、保育者やクラスの子どもと同じ場で、自分なりに体を動かしたり、手遊びを楽しむこともできるようになっていきます。保育者は、決まった動きを求めることなく、子どもなりの表現を温かく肯定的に受け止めることで、子どもの表現する楽しさを支えていきます。

3　3歳未満児と3歳以上児の保育内容の違い

　「3歳以上児の保育に関するねらい及び内容」も5領域で記されています。領域としては同じですが、その内容は発達の特性に合わせて異なっています。1歳以上3歳未満児の保育では、保育者が受け止めたり見守ったりするなかで、しだいに気づいたり、形成されていくということが大切にされます。一方、3歳以上児の保育では、楽しさと同時に失敗や葛

図表11-1　3つの視点と5領域の関係

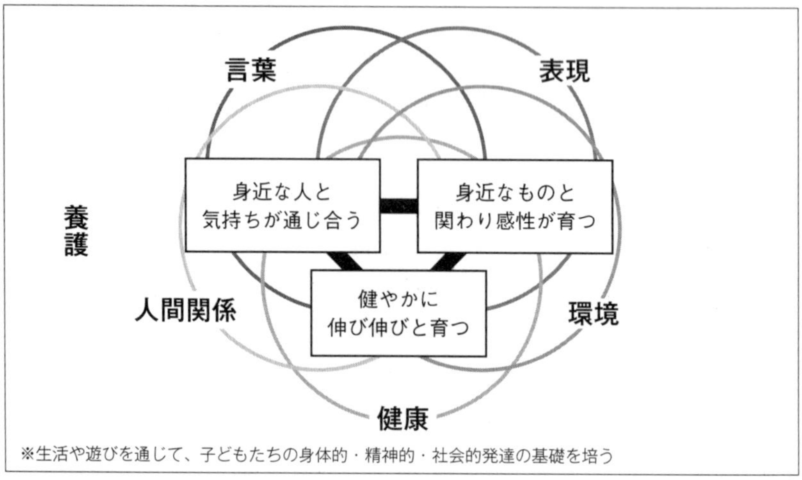

※生活や遊びを通じて、子どもたちの身体的・精神的・社会的発達の基礎を培う

出典：厚生労働省社会保障審議会児童部会保育専門委員会「保育所保育指針の改定に関する議論のとりまとめ」2016年

藤といった経験を積み重ねながら、工夫したり、考えたりすることをとおして、自ら取り組んだり、身につけていくことが重んじられています。

　乳児保育の3つの視点と5領域の関係性を図に表すと、図表11-1のようになります。

2.　3歳以上児の保育とのつながり

1　遊びにおける保育のつながり

　3歳未満児の保育と3歳以上児の保育とのつながりについて考えていきます。3歳の誕生日を迎えるころには、理解している言葉や話せる言葉も増え、言葉の表現が豊かになります。子どもと保育者の間で会話も楽しめるようになります。伝えること、会話をすることが楽しくなると、同じクラスの子どもへの関心も芽生え、子ども同士の関わりもみられるようになります。そのなかで、子ども同士のトラブルが起こることもあります。遊びのなかで起きたトラブルの事例をみてみましょう。

> **インシデント①　「置いちゃダメ」　保育所8月**
> 　2歳児のAくんは、保育室で積み木遊びをしていました。Aくんは、箱の中から色とりどりの積み木を取り出しては、トレイの上に置いて、色ごとに分けています。それを見たBちゃんが「何してるの？」と近づきました。
> 　Aくんは、手にもっていた赤い積み木を見せて「あかだよ」と言いました。「Bはきいろ」とBちゃんが黄色の積み木を手にとりました。するとAくんは「置いちゃダメ！」と強い口調でBちゃんの積み木を取り上げようとしました。Bちゃんは驚いた顔で積み木をギュッと握り、「Bちゃんの」と言って渡そうとしません。そして、そのままBちゃんがAくんのトレイに黄色の積み木を置いたため、AくんはBちゃんの肩を押し、Bちゃんは転んでしりもちをついてしまいました。
> 　Bちゃんは、泣きながら「H先生、Aちゃんがドンてした」と保育者に訴えました。一方、トレイの上はBちゃんが置いた黄色の積み木で、Aくんの積み木の一部が倒れていました。Aくんは、黄色の積み木をじっと見て「Aくんの」とつぶやきました。

　Aくんは、この遊びのなかでどのようなことを楽しんでいたのでしょ

うか。また、どんな気持ちだったのでしょうか。Aくんの気持ちを考えるとともに、AくんはなぜBちゃんの肩を押したのか考えてみましょう。

　Aくんの「あかだよ」という言葉に対して、Bちゃんは「Bちゃんもやってみる？　一緒に遊んでもいいよ」と受け取ったのかもしれません。一方、Aくんには「一緒に」という気持ちはなかったのかもしれません。

インシデント②　保育者の関わり　保育所8月（続き）
　一連のやりとりを見ていた保育者は、Aくんに「赤や青のいろんな積み木を並べてたね。Aくんは楽しかったんだよね？　一人でやるのが楽しくて、Bちゃんのお手伝いはいらないって思ったのかな？」と声をかけました。Aくんはうなずいて「Aくんだけ」と言いました。保育者もうなずきながら、「Bちゃんね、Aくんの邪魔しようとしたんじゃないと思うよ。楽しそうだな、一緒に遊びたいなって思ったんだと思うよ。Bちゃんのお顔、なんだか悲しそうよ。びっくりして悲しくなったみたいよ」と伝えました。また、Bちゃんにも「びっくりしたね。痛いところない？」とさすりながら、「Aくんが楽しそうだな、一緒に遊びたいなって思ったの？　そうか、一緒に遊びたかったね。でも、今はAくん一人でがんばりたいみたいなの。Bちゃんが黄色の積み木をもったから、一人でやりたいんだっていう気持ちでドンしちゃったみたいなの。びっくりしたよね」とゆっくりと伝えました。保育者の様子を見ていたAくんがBちゃんのそばに行き、保育者がさすっていた場所をなでたところ、Bちゃんは笑顔になりました。保育者はAくんに「優しくしてくれてBちゃんうれしそうよ」、Bちゃんには「Aくんがなでなでしてくれたね。うれしいね」とそれぞれに声をかけました。

　3歳未満児の子どもが話す言葉は短く、その短い言葉にも多くの意味があります。また、この時期は、自分の思うように理解することが多いので、トラブルもよくみられます。トラブルも含めて、このような子ども同士の関わりのなかに、多くの学びの芽があります。充実した遊びのなかで、友だちのしていることに気づき、関心を寄せることで起きるトラブルに、保育者がていねいに関わることで、子どもは他者との関わり方を学んでいきます。保育者は、子どもの言動に対して「なぜ、そのようなことをしたのか」と子どもの内面を理解しようとします。特に3歳未満児では、子どもが発する言葉にどういう意味が含まれているのかを推察しながら、子ども同士のやりとりを注意深く見守り、援助する必要

があります。3歳児クラスになると、好きな遊びを楽しむなかで友だちへの関心も高まり、子ども同士のやりとりも増えてきます。遊びのなかで、楽しさを感じたり、気持ちがすれ違ったり、ときにはぶつかりあったりして、人と関わる力が育まれていきます。3歳未満児では、保育者が子どもの内面を探り代弁しながら、3歳以上児では子どもの気持ちを引き出しながら、子ども同士の関わりを支えていきます。

同じ園のなかで2歳児クラスと3歳児クラスがあれば、ときには自然に関わる場面もあるでしょう。次の事例は、園庭で2歳児クラスと3歳児クラスの子どもが遊んでいる時間の出来事です。

エピソード①　2歳児と3歳児が同じ場で遊ぶ　認定こども園10月

3歳児クラスの保育者が、子どものリクエストで、黄・赤・青・緑色の大小のフープをもってきて、園庭の土の上に並べて置きました。3歳児クラスの子どもたち3人が、手をたたきながら声を合わせて「オニさんオニさん、なにいろですか？」と言うと、保育者が色を1つ答えます。子どもたちはその保育者の言葉を聞いて、フープを探して移動するという遊びを繰り返し楽しんでいました。

2歳児クラスのCくんは、子どもたちが手をたたく様子や言葉のやりとり、子どもたちがフープからフープへと移動する様子をながめていました。しばらくすると、Cくんは自分の足元を見て、近くのフープの中に入りました。

Cくんが入ったフープは、保育者が伝えた色でないことに気づいた3歳児の1人が、「Cくんは？」と保育者に知らせました。保育者は笑顔でCくんを見ました。Cくんがうれしそうに笑っているのを確認した保育者は、「Cくんはいいんだよ」と3歳児の子どもに伝えて、「オニさん……」とまた遊びを続けました。

園庭では、3歳児クラスの子どもたちが保育者と「オニさんオニさん、なにいろですか？」「○○いろ」というやりとりや、フープの移動といった簡単な遊びを繰り返しています。一方で、2歳児クラスのCくんは、同じ場所で子どもたちと保育者のやりとりをながめていて、自分もやってみたくなりフープの中に入ってみます。3歳の子どもの視点では「簡単なやりとりのある遊び」であり、2歳の子どもの視点では「好きなフープに入る遊び」ととらえられます。

保育者は、同じ場所・同じ用具で遊んでいても、何を楽しんでいるのかは子どもによって違うことを、子どもの表情から読み取っています。

一緒に遊ぼうと誘いかけはしないで、それぞれの子どもが楽しいと思っていることを支え、見守りました。

この事例から学んでほしいことは、3歳未満児と3歳以上児とのなめらかな接続とは、遊びや生活の場面で、どちらかの年齢に合わせることではなく、一人ひとりの気持ちとともに、それぞれの年齢において大切にしたいことを尊重するということです。この事例でも、3歳未満児、3歳以上児のどちらも、その子どものしたいと思っていたことが、保育者の援助によって支えられています。自分の気持ちが受け止められるなかで、しだいに他者のしていることに気づいて、いつしか自然な関わりが生まれていきます。

2 生活における保育のつながり

あいさつや身支度、手洗いなどの生活習慣は、毎日多くの園で行われていることでしょう。

はじめに、1歳児クラスの手を清潔にするという生活習慣についてみていきます。

エピソード② 「見て！ きれい！」 認定こども園1月

園庭で遊び、保育室に戻ってきたFくんは、じっと自分の手のひらを見ています。担当の保育者は、その様子を見ながら、食事のためにテーブルの上にエプロンやおしぼりを準備していました。Fくんに「手が汚れているの？」と声をかけると、Fくんはうなずいて、「きたない」と言い、手洗い場に歩いていきました。保育者はFくんの隣に並び、「先生も一緒に洗おう」と言いました。保育者は、Fくんが蛇口に手をかけても、回すことができずにいる姿を見て、Fくんの手に自分の手を重ねて、「お水でるかな」とゆっくりと蛇口を回しました。石けんを手に取り、すぐに洗い流そうとするFくんに「きれいになったかな？」と声をかけると、Fくんは自分の手のひらを見ます。保育者は、砂がついているところを指差して、「まだついているよ、きれいじゃないね」と伝え、砂の部分を指でこすり、石けんを洗い流しました。すると、Fくんは「きれいになった！」と保育者に手のひらを見せました。保育者は、タオルで水滴を拭くときにも、Fくんのしぐさを見ながら、できないところをていねいに指導しました。

この場面では、手のひらをじっと見ているFくんに、保育者が「手が

汚れているの？」と声をかけています。子どもの感じていることを言葉にすることで、子どもはその状態が汚れているのだと知ります。何のために手を清潔にするのか、その意味と目的を子どもに知らせていくことが生活習慣の援助です。毎日行われる行動だからこそ、子どもにていねいに関わりたいものです。

次に3歳未満児と3歳以上児の生活習慣に関わる保育について学びます。次の事例は、ある認定こども園で「2・3歳児交流」として、2歳児と3歳児クラスの子どもが一緒に昼食をとる場面での出来事です。

エピソード③ 「エプロンいらない」 認定こども園10月

2歳児クラスのDくんは、エプロンとおしぼりをもって、3歳児クラスのEちゃんの隣に座りました。保育者は、Dくんがエプロンをつけようとする姿を見て、Dくんにエプロンをつけました。Dくんは、Eちゃんがおしぼりを広げてたたんでいるのをまねて、同じように折りたたみました。そして、Eちゃんがエプロンをしていないことに気づいて、「エプロンは？」と聞きました。Eちゃんは「ないよ。Eちゃん、上手だからしないの」と答えました。するとDくんは、自分のエプロンを外しました。食事が始まると、カレーライスをスプーンいっぱいに取って口に運ぼうとするDくんに、保育者が「全部お口に入るかな。少し多いみたいよ。お洋服にカレーがついているから先生ふいてもいい？」と声をかけました。しかし、DくんはEちゃんと楽しんで食べることに気をとられ、保育者の声かけや食べ方に意識が向かない様子でした。

Eちゃんが「Dくん、お洋服汚い」と言い、Dくんははじめて自分の洋服にカレーがついていることに気づきました。保育者はEちゃんに「どうしたらEちゃんみたいに上手に食べられるの？」と声をかけました。すると、Eちゃんは「スプーンにカレーとご飯を少しだけだよ。やってみて。そう、上手。食べてみて。ね？」とDくんに教えてくれました。

この事例では、2歳児の「自分も同じようにやってみたい」という発達がよく表れています。Dくんは、保育者の声かけや援助よりも、3歳児クラスのEちゃんからおしぼりのたたみ方や食べ方を学んでいます。ともにいることを喜び、他者のしていることに気づけるようになってきた時期ならではの姿といえるでしょう。

事例の認定こども園では、2歳児と3歳児が一緒に昼食を食べる交流

があります。2歳児クラスの保育者は、2・3歳児交流のときでも、援助が必要かどうか一人ひとりの子どもたちをよくみています。また、交流の始まりは、2歳児クラスの子ども自身が決めます。交流の日を心待ちにしていた子どもであっても、いざ行くと「お部屋（2歳児クラス）で食べる」という子どももいますし、1回目は行かなかったけれども2回目は自分から行く子どももいます。その時々で、子どもが選択できることが大切です。どちらを選んでも、その子にとっては大切な食事の時間です。

　3歳未満児の保育では、保育者が経験してほしいと思う保育内容であっても、3歳未満児の育ちは多様ですし、その日の気分や健康状態にも左右されます。そのため、行事のような日常を彩る活動を用意する一方で、いつもどおりの落ち着いた生活ができるような配慮が必要です。

　乳児期には、子どもが、不快な状態を大人に気づいてもらい、笑顔で優しく心地よい状態にしてもらうことで「快い」状態を知ったり、大人が関わってくれることに喜びを感じることが大切です。

　1歳以上3歳未満児の保育では、保育者がともに行うことから始まり、必要な場面で手伝ったり、見守ったりする多様な援助をとおして、生活習慣としての行為だけではなく、その目的や心地よさを感じられるようにすることが大切です。そうした経験が積み重なることで、3歳以上児の生活習慣の自立につながっていきます。

3．3歳以上児の保育への移行の時期の保育

　3歳未満児の保育から、3歳以上児の保育への移行とは、2歳児クラスから3歳児クラスへ進級していく過程をイメージした言葉です。

　昨今、3歳未満で保育所や認定こども園などに入園する子どもが増えています。また、3歳未満児の保育施設が急増していることから、2歳児から3歳児で園が変わる子どもも増えています。たとえ同じ園内での進級であっても、慣れ親しんだ保育室と離れることや、それまで6人の子どもに対して1人の保育者であったのが、20人の子どもに対して1人の保育者になることなど、2歳児クラスから3歳児クラスへの進級は、子どもの視点で考えると大きな変化といえます。

1　2歳児クラスから移行する保育の実際

　進級をなめらかに進めたいと考える保育者の願いは同じでも、保育の

図表11-2 2歳児クラスから3歳児クラスへ移行する時期の保育例

項目	A園	B園
保育室	年度の途中で3歳児クラスに移動して過ごす	年度末まで2歳児クラスで過ごす
保育者	2歳児担任に加えて3歳児担任になる保育者も保育に入る	年度末まで2歳児担任が保育をする
教材（おもちゃ含む）	3歳児クラスのもので環境構成する	2歳児クラスで遊んでいた好きなおもちゃを含めて環境構成する
休息・午睡	3歳児に進級することを見越して、午睡を減らしたり、やめたりする（主に認定こども園にみられる）	これまで通り休息や午睡は一人ひとりに合わせて行う

方法はその園により異なります。2歳児クラスの3月末日まで、保育者がていねいに関わり、ゆったりと過ごすことで、移行期をうまく乗り越えてほしいと願う園もある一方で、早めに3歳児クラスに慣れることで移行期を乗り越えてほしいという園もあります。保育室の使い方をはじめとして、その園ごとに子どもたちがなめらかに3歳以上の保育へ移行できるように考えて実施されています。いくつかの例を図表11-2に示しました。

2　3歳以上児の保育への移行時期の配慮

　3歳以上児の保育が始まると、進級をうれしい出来事としてとらえる子どもがいる一方で、不安になる子どももいます。園が安心できる場所であることを感覚として取り戻すには、個人差があります。環境や担任が変わったりしたことで不安になっている子どもには、不安な気持ちをしっかりと受け止めながら、再び園のなかで好きな遊びが見つけられるように援助し、3歳児クラスで安心して生活できるようにします。新入園児がいる場合には、新入園児にとってははじめてのことばかりなので、進級児に合わせると無理が生じてしまいます。進級児と新入園児のそれぞれが、落ち着いて取り組んだり遊ぶことができるように、年度当初は活動に時間差をつけるなど、それぞれの保育経験に合わせた保育を心がけるとよいでしょう。しだいに子どもたちの交流が進み、一緒に遊ぶ姿がみられるようになります。

4．乳児の行事

　保育所や認定こども園では、多くの行事が行われます。図表11 - 3 をみると、入園式など園の節目の行事や、節分など日本の伝統や文化に関する行事、遠足など園外の自然や季節を味わう行事など、多様な行事があることがわかります。ここでは、乳児期の保育のなかの行事について考えてみます。

　ある認定こども園では、特定の保育者との関わりを大切にした保育を行っています。0・1・2歳児クラスは、保育室の前にある乳児庭で遊ぶことが多く、落ち着いた雰囲気の乳児保育が展開されています。この園には、歌や楽器、踊りなどでのびのびと自分らしく表現を楽しむ「発表会」という行事があります。

図表11 - 3　行事の例

季節	行事
春	入園式（4月入園児） 春の遠足
夏	プール開き 七夕祭り 夏祭り お泊り保育
秋	運動会 秋の遠足
冬	クリスマス会 発表会 もちつき 鏡開き 節分 お別れ遠足 卒園式

　0・1・2歳児の発表会は「保護者と遊ぶ楽しい一日」と名前も変えて、保護者が参加します。日ごろ過ごしている保育室で、保護者と一緒に遊んだり、いつも保育者と楽しんでいる歌遊びを保護者と一緒に楽しんだりして過ごします。

　ある年、園舎の建て替えのため、お遊戯会を近くの小学校の体育館で行うことになりました。子どもたちは、場所に慣れるために何度か体育館に遊びに行ってはいたものの、広い場所に全園児の保護者がずらりといることに圧倒されている様子でした。いつもと違う場所や雰囲気に驚いて泣いたり、保護者や保育者に抱かれて顔を埋めていたり、いつもどおりという子どもは一人もいなかったのです。

　一方で、3・4・5歳児の多くの子どもたちは、たくさんの人に見られる緊張を感じながらも、やり遂げたうれしさや満足感を味わっている様子がみられました。

　行事は、行うことや参加することが目的ではありません。行事に取り組むことで、子どもがどのようなことに出合い、どんな気持ちを味わうのか、ていねいに考えていくことが大切です。また、行事のねらいは、年齢によって違います。

行事には保護者が参加するものも多く、子どもの成長がみられる機会でもあるので、幼児と同じような行事を望む保護者もいます。しかし、保育内容として、年齢にふさわしいかということや、子どもに無理のない時間帯に行われるかといったことは大切な視点です。
　3歳未満児は個人差も大きく、それに加えて出生時の影響も色濃く残る時期です。出生時の状況によっては健康状態の経過を観察していることもあります。注意深く一人ひとりを見守り、援助していく養護面でのていねいさは、3歳児クラスに進級するまで必要となります。一方、人との関わりや遊びは、発達にともない3歳未満児でも拡大します。3歳未満児、3歳以上児の発達の特性と連続性を意識しながら、ていねいな保育を行うことが大切です。

演習課題

①「保育所保育指針」の「1歳以上3歳未満児の保育に関わるねらい及び内容」と「3歳以上児の保育に関するねらい及び内容」の5領域を比べて、どういった違いがあるのか確かめてみましょう。
②生活習慣（例：鼻水を拭く、自分で服を着替える、食器を片づけるなど）について取り上げ、「乳児」「1歳以上3歳未満児」「3歳以上児」に分けてどのような援助をするか考えてみましょう。
③実習で経験した、3歳未満児と3歳以上児が同じ場で遊んだり、生活している場面を思い出して、子どもの様子や保育者の関わりについて書いてみましょう。

参考文献……………………………………………………………………………………

レッスン7
　遠藤利彦　『赤ちゃんの発達とアタッチメント――乳児保育で大切にしたいこと』　ひとなる書房　2017年
　大豆生田啓友・渡辺英則・森上史朗編『保育方法・指導法』　ミネルヴァ書房　2012年

レッスン8、9
　厚生労働省　「保育所保育指針」　2017年
　近喰晴子監修、コンデックス情報研究所編著　『こう変わる！新保育所保育指針』　成美堂出版　2017年

レッスン10
　阿部和子編著　『演習　乳児保育の基本』　萌文書林　2013年
　今井和子編著　『0・1・2歳児の心の育ちと保育』　小学館　2013年
　園と家庭を結ぶ「げんき」編集部編　『乳児の発達と保育――遊びと育児』　エイデル研究所　2016年
　社会福祉法人全国社会福祉協議会・全国保育士会・保育の言語化等検討特別委員会編　「養護と教育が一体となった保育の言語化」　2017年
　長瀬美子　『乳児期の発達と生活・あそび』　ちいさいなかま社　2014年
　乳児保育研究会編　『乳児の保育　新時代』　ひとなる書房　2017年
　野原八千代編者　『子どもの保健演習セミナー』　建帛社　2015年
　帆足英一監修　『実践　保育学』　日本小児医事出版社　2014年
　松本園子編者　『乳児の生活と保育』　ななみ書房　2016年

レッスン11
　すとうあさえ　『子どもと楽しむ行事とあそびのえほん』　のら書店　2007年
　文部科学省　『幼稚園教育指導資料第3集　幼児理解と評価（平成22年7月改訂）』　ぎょうせい　2010年
　吉村真理子著、森上史朗・岸井慶子・赤坂榮ほか編　『吉村真理子の保育手帳②　0～2歳児の保育』　ミネルヴァ書房　2014年

おすすめの1冊

園と家庭を結ぶ「げんき」編集部編　『乳児の発達と保育――遊びと育児』　エイデル研究所　2016年

　0～3歳後半の遊びと食事、排泄、睡眠、着脱など基本的生活習慣の関係と流れが写真とともに具体的に示されており、発達を理解し、乳児保育に対するイメージをもつことができる。子どもが遊びに主体的に取り組む姿、自立に向かう基本的生活習慣、発達段階と個々の育ちを考慮した、保育者による援助について学ぶことができる。

第4章

乳児保育の実際

本章では、乳児保育にあたって必要となる計画の作成や、職員・保護者との連携や研修について学んでいきます。保育における計画や記録の重要性について理解を深めていきましょう。また、保育者のキャリア形成や資質向上に関する取り組みを知ることは、今後保育者として働くうえでとても大切です。

レッスン12　指導計画と記録

レッスン13　職員間の連携と園内研修

レッスン14　保護者とのパートナーシップ

レッスン15　関係機関との連携

レッスン **12**

指導計画と記録

このレッスンでは、乳児期の子どもの保育に必要な指導計画と記録について学びます。乳児期の子どもの指導計画を立案するときの留意点や、3歳以上の子どもの指導計画との違いなどを理解しましょう。記録の留意点についても学びます。

1. 乳児の指導計画

1 指導計画とは

　指導計画は、保育所等全体の保育について示されている**全体的な計画**に基づいて作成されます。全体的な計画とは、各園の保育の方針や目標をもとに、0～6歳までの子どもの育ちを見通して作成する計画をいいます。

　子ども一人ひとりが楽しく充実した園での生活をとおして、発達に必要な経験ができるように、保育者は、どのように働きかけたり、環境を整えたりしていくのかといったことを具体的に書いていきます。

　指導計画には「長期の指導計画」と「短期の指導計画」があります。長期の指導計画は、「年間指導計画案」「月間指導計画案（月案）」で、これらは子どもの生活や発達を長い視点で見通して作成します。短期の指導計画は、「週指導計画案（週案）」「日指導計画案（日案）」で、長期の指導計画よりも具体的に子どもの遊びや生活について書きます。

2　3歳未満児の指導計画

　3歳未満児の指導計画について「保育所保育指針」では、どのように記されているか確認してみましょう[†1]。

> 3歳未満児については、一人一人の子どもの生育歴、心身の発達、活動の実態等に即して、個別的な計画を作成すること。

　3歳未満児の指導計画は、子ども一人ひとりについて作成していくことが求められています。どの計画について個別に作成するかといったことは、自治体の方針で決められている場合もありますが、基本的にはそ

補足
全体的な計画
「保育所保育指針」第1章3（1）「全体的な計画の作成」ウには、「全体的な計画は、保育所保育の全体像を包括的に示すものとし、これに基づく指導計画、保健計画、食育計画等を通じて、各保育所が創意工夫して保育できるよう、作成されなければならない」と記されている。

出典
†1　「保育所保育指針」第1章3（2）「指導計画の作成」イ（ア）

れぞれの園で決めることができます。また、3歳未満児については、個別計画しか作成してはいけないということではなく、個別計画のほかにクラスの計画を作成する園もあります。

一方、3歳以上児の指導計画については、次のように記されています[2]。

> 3歳以上児については、個の成長と、子ども相互の関係や協同的な活動が促されるよう配慮すること。

▶出典
[2]「保育所保育指針」第1章3(2)「指導計画の作成」イ（イ）

3歳以上児は、保育者との関係を土台として、友だちとの関わりが深まったり、広がったりしていく時期です。そのため、3歳以上児の指導計画では、一人ひとりの成長とともに、子ども同士の関係や、互いに考えをだし合ったり、協力したりといった協同的な活動が展開されるような計画を作成することが求められています。3歳未満児の指導計画との大きな違いは、3歳未満児は個別計画であるという点です。

なぜ3歳未満児の指導計画は、個別に作成するのでしょうか。それにはいくつかの理由があります。

①感覚や運動機能の発達

乳児期は、視覚・聴覚などの感覚や運動機能が、著しく発達します。しかし、その発達には個人差があり、一人ひとりの子どもに合った遊びをどのように援助していくのかを、細やかに記すためです。

②人との関わりの育ち

乳児期には、特定の大人との応答的な関わりを通じて、情緒的な絆（愛着関係）が形成されます。保育者はどのように子どもの気持ちを受け止めたり、受け入れたりするのかといった関わり方について、一人ひとりていねいに記すためといえます。

③心地よい生活

乳児期は食事、睡眠、遊びなど、過ごし方（生活リズム）が大きく変化する時期でもあります。成長していく子どもの姿と、一人ひとりが心地よく過ごすことができる援助や配慮を記すためには、個別計画が適しているとされています。

④食事の変化

乳汁栄養（育児用ミルクや母乳）から固形栄養（食べ物）へと移行していく時期であり、しだいに子ども自身が食具（スプーンなど）を用いて食事をするようになります。そうした変化は一人ひとり速度が異なるので、それぞれの子どもの様子とそれを援助する方法や配慮などを記すためです。

⑤表現することから言葉へ

　表情、指差しを含むしぐさ、声、喃語などを受け止めてもらうことで、人との関わりを楽しめるようになったり、言葉につながっていきます。一人ひとりの子どもが表現することを優しく受け止め、その時々の表現とその援助について記すためです。

⑥生活習慣の援助

　食事や衣類の着脱、手を洗うなどの生活習慣について、保育者に行ってもらうところから、保育者に見守られながら徐々に自分でしたがるようになっていきます。それぞれの子どもがどこまで行うことができるかといったことや、どのような援助をするかといったことを記すためです。

⑦ほかの子どもとの関わり

　乳児期の子どももほかの子どもと関わろうとしたり、関わって遊ぶ姿がみられるようになってきます。その関わり方は一人ひとりの子どもによって異なるため、それぞれの子どもの様子や関わり方の姿と、どのように援助していけばよいのかを記すためです。

図表12-1　個別指導計画の例

名前・月齢	子どもの姿	ねらいと内容	保育者の援助と配慮	環境の工夫
○○　○○ （4か月）	〈生活〉 徐々に哺乳瓶からミルクを飲むことに慣れてきた。周囲の音が気になると、途中で吸うのをやめ、その後飲まないことがある。 授乳中、汗をかくと、泣くことがある。	○落ち着いた環境のなかで、安心してミルクを飲む。 ○汗をかいたら着替えをさせてもらい、心地よく過ごす。	○授乳に入る際に、優しく声をかけて目を合わせ、落ち着いた雰囲気でミルクが飲めるようにする。 ○汗をかいて心地悪い様子がみられたら、速やかに着替えをさせて、快適に過ごせるようにする。	○遊んでいる子どもたちが気にならない位置に、授乳いすを移動する。 ○着替えを準備しておく。
○○　○○ （1歳6か月）	〈遊び〉 絵本を開いて、知っているものを指さしたり、「ワンワン」「ママ」と言う。	○指さした言葉で表現することや、保育者に受け止めてもらうことを楽しむ。	○指さしや言葉を受け止めてもらうことに嬉しさや楽しさを感じることができるように、子どもの様子に応答する。	○子どもが身近に感じられる素材が載っている絵本や写真を用意する。
○○　○○ （2歳1か月）	〈遊び〉 ままごとの素材など、たくさんの玩具を集めたり、分けたりすることを楽しんでいる。ほかの子どもが使いたがって近くに来ると、「イヤ」「ダメ」と自分が遊んでいることを伝える姿がみられる。	○保育者に気持ちを受け止めてもらいながら、好きな玩具で遊ぶことを楽しむ。	○たくさん集めたい気持ちを受け止める。集めた玩具を分けられて嬉しい気持ちをともに喜んだり、ままごとの素材や玩具での遊びを提案したりしながら、遊びを楽しむ気持ちを支えていく。	○ままごとの素材の量を増やして、入れものも複数に分けて棚に置いておく。

個別指導計画には、3歳未満児の子どもたちが、園で心地よく過ごしたり楽しく遊ぶなかで、心も体も成長していけるように、子どもの様子を書きます。子どもの様子から、翌月、翌週の保育のねらいを設定します。また、それを保育者がどのように援助したり、配慮していくとよいのかといったことも書きます（図表12-1）。

2．指導計画の作成

1　指導計画作成の手順

　ここでは、指導計画を作成する手順を学びます。以下に、一般的な作成の手順を、参考として示します。

①保育を振り返り、子どもの姿をとらえる

　月案であれば月の終わりに、週案であれば週の終わりに、翌月・翌週の計画を作成するために保育の振り返りをします。保育を振り返り、子どもの具体的な姿を取り上げて、子どもが興味をもっていることや経験していること、育ってきていること、つまずいていること、健康や生活習慣の状況などを理解して、次の指導計画に生かします。

②具体的なねらいと内容の設定

　前月や前週の子どもの様子から、その年齢にふさわしい保育内容や、経験してほしいことを書きます。「保育所保育指針」の第2章に示されている「乳児保育に関わるねらい及び内容」「1歳以上3歳未満児の保育に関わるねらい及び内容」を視野に入れて、子どもに育ってほしい姿として「ねらい」を設定します。「内容」については、子どもが経験する具体的なことを書きます。

　家庭に比べて、保育所や認定こども園は、子どもにとって刺激の多い環境です。たとえば、排尿間隔も短く、まだおむつが外れる時期ではない子どもが、トイレに行く子どもの姿を見て、自分も行ってみたいという気持ちになったとします。そうしたときに「興味をもっているから」という理由で、「トイレで排泄をする」というねらいや「トイレに誘う」という援助を指導計画に書くのは、その子どもの身体的な発達よりも先取りした、無理をさせてしまう計画になってしまいます。

　子どもがやってみたいと思った気持ちを受け止めて、その場ではトイレに行くことを見守ったり援助することはあっても、その後も保育者から誘ったり、促したりするのは過剰な援助となります。

　子どもが興味をもったり関心を寄せていることでも、それを指導計画

のねらいや内容にするかどうかは、「今、経験することがその子どもにとって必要なことなのか」という視点で検証します。家庭よりもずいぶん刺激の多い環境で遊んだり、生活している3歳未満児の指導計画を作成する際に、気をつけなくてはいけない大切な観点です。

③環境の構成

子どもは、どのように「環境」に関わって遊んだり、生活したりするのかを予想します。具体的には、空間、おもちゃや家具を含むもの、時間など、ねらいとしたことを身につけるために必要な遊びや生活ができるような状況を書きます。

乳児期の子どもであっても、保育者が一方的に環境を構成するのではなく、保育のなかで子ども自身が気づいたことを大切に受け止めたり、子どもの発見や意欲をすくい上げたりしながら、子どもとともにつくりだすものです。

④保育者の援助・配慮

子どもとともに生活しながら、どのような援助や配慮をするのかを予想して書きます。子どもの姿を肯定的に受け止めながら関わっていくことと、子どもの安全を守るという両方の視点から、具体的な働きかけを書きます。

⑤評価

どんなに子どもをよくみて立てた計画であっても、指導計画は、保育実践の前に考えた仮説です。保育者が予想していたことと、実際の子どもの姿が違うということもあります。その活動は子どもにとって適切であったか、保育者の働きかけは適切であったかという振り返りは大切です。また、「できた」「できない」という視点でとらえるのではなく、子どもは活動のなかで何を味わったり、感じたりしているのか、こうした経験がどのような学びにつながっているのか、といった観点で評価することが求められます。

2 指導計画作成の留意点

指導計画は担当の保育者が作成します。保育所や認定こども園は開園時間が長く、保育者は少しずつ時間をずらしながら、シフト勤務をしている園がほとんどです。担当の保育者以外の人と過ごす時間も考えられます。また、0歳児は子ども3人に対して保育者が1人、1・2歳児は子ども6人に対して保育者が1人配置されますので、0・1・2歳児クラスは多くの園で、複数の保育者で担当する「複数担任制」となっています。

子どもを担当する保育者が決まっている担当制保育（育児分担）の園であっても、指導計画を作成する前に、クラスの保育者全員で保育の振り返りをしたり、作成したのちに情報共有をすることが大切です。そうすることで子どもの見方や保育の進め方について共通理解ができ、子どもの落ち着いた生活を支えることになります。

3．乳児の保育記録

1　乳児保育の特性と記録

　乳児期は、子どもがいろいろな「はじめて」に出合う時期です。まだ言葉でのやりとりを獲得する前の乳児は、自分のしていることに対して、保育者が「おいしいね」「気持ちよくなったね」と応答してくれることにより、気持ち・表情・言葉などにつながりを感じ、学んでいきます。

　子どもと保育者の個別的な関わりが、その後の育ちの土台となっていくことからも、日々の保育を活動や流れとしてとらえるのではなく、子どもの内面を理解することが、記録することの大きな目的となります。また一方で、保育者が自らの働きかけを振り返り、援助や配慮の改善や環境の再構成に生かしていくためにも、とても大切なものです。

2　記録の実際

　0歳児クラスでの生後8か月の子どもの実際の保育記録をみながら、記録と指導計画のつながりを考えてみましょう。実際の保育記録では項目ごとに書かれているわけではありませんが、ここではどのような内容が記録されているか、それが指導計画のどこにつながるのかを示しました。

生後8か月女児

・〈記録〉子どもの発達の姿→〈指導計画〉子どもの姿

先週は片方の手を床についてお座りしていたが、今週に入り、両手を離して座ることができるようになった。両手を上に上げて遊んでいるときなどに、後方に倒れることがある。

・〈記録〉子どもの遊びの様子→〈指導計画〉子どもの姿

両手にものをもって遊ぶ姿がみられるようになった。積み木を片方の手に1つずつもち、胸の前で打ち合わせて、音が鳴ると保育者の目を見て笑っている。

・〈記録〉子どものとらえ方→〈指導計画〉子どもの姿

第4章　乳児保育の実際

> 保育者と目を合わせながら繰り返し遊ぶことが楽しいようで、腕を上下させたり上半身を揺らして、気持ちを表現している。また、積み木の打ち合わせでは、カチカチと音が鳴ることを楽しんでいるようだ。
>
> ・〈記録〉保育者の働きかけの評価→〈指導計画〉保育者の援助・配慮
>
> 繰り返し遊ぶ楽しさを味わうことができるように、保育者の目を探しているときには、しっかりと目を見つめて、笑いかけたり、感嘆の声や表情で表現するように心がけた。
>
> ・〈記録〉次の保育へのつながり→〈指導計画〉環境構成と保育者の援助・配慮
>
> お座りの姿勢で遊んでいるときに、後方に倒れてしまうことがあった。あらかじめ半円の座布団を用意していたが、手で支えられるように注意深く観察しながら遊ぶとともに、ソフトマットを敷いて安全を確保していきたい。

　保育の記録から、次の保育に生かせるよう指導計画（子どもの姿、保育者の援助・配慮、環境構成）へとつながる様子がわかります。

　指導計画や記録が苦手と感じている実習生も少なくないようです。しかし、指導計画がなければ、行き当たりばったりの保育になってしまいます。子どもたちの発達にふさわしい経験をしてほしいと考えたときに、やはり指導計画は必要です。

　指導計画も記録も、子どもにとって心地よく楽しい保育を実践するために必要なものです。

演習課題

①「保育所保育指針解説」の第1章3（2）「指導計画の作成」に記されている、【3歳未満児の指導計画】【3歳以上児の指導計画】【異年齢の編成による保育の指導計画】を比べて、どのような違いがあるか確かめてみましょう。

②以下は、1歳3か月の子どもの指導計画です。「保育者の援助・配慮」「環境構成」について考えてみましょう。

名前・月齢	子どもの姿	ねらいと内容	保育者の援助・配慮	環境構成
○○ ○○ （1歳3か月）	〈遊び〉 好きな絵本ができて、棚から取り出し、保育者のもとにもってくる。知っているものがあると「アッ」と声を出して保育者に知らせる。	○好きな絵本を一人で楽しんだり、保育者に読んでもらうことを楽しむ。		

③165-166頁「生後8か月女児」の実際の保育記録をもとに、生後9か月になったときの指導計画を作成してみましょう。

レッスン13

職員間の連携と園内研修

このレッスンでは、職員間の連携と園内研修について学びます。子どもの保育に加えて、施設長のリーダーシップのもと、職員間の連携・協力の重要性が求められます。また、保育の質の向上をはかるためにも、園内研修をとおして学ぶことは有効です。

1. 職員間の連携と組織的取り組み

1 職員間の連携とは何か

保育所にはどんな職種の職員がいるのかについて、みていきましょう。保育所に配置しなければならない職員の職種、職員数などについては「児童福祉施設の設備及び運営に関する基準」で定められています。

保育所には、施設長（園長）をはじめとして、保育士、看護師（保健師）、**栄養士**、調理員、嘱託医など、専門的な技能を有する職員がいます。なお、**幼保連携型認定こども園**にも同様に職員の配置基準があります。

つまり、職員間の連携とは、職種の異なる職員構成、**交代制勤務**[*]（シフト勤務と呼ばれることもある）体制をとり、早番、日勤、遅番等に区別された状況のなかで、職員一人ひとりに役割分担がなされ、組織の一員としての自覚をもって連携していくことをいいます。

その際には、職種の専門性を生かしながら連携をはかっていくことが求められます。保育所は、0歳児から就学前までのさまざまな年齢、状況の子どもたちが一日の大半を共に生活する場であり、職員間の連携・協力が不可欠になります。

「保育所保育指針」第2章1（3）「保育の実施に関わる配慮事項」のなかで以下のように記述されています。

> ウ　乳児保育に関わる職員間の連携や嘱託医との連携を図り、第3章に示す事項を踏まえ、適切に対応すること。栄養士及び看護師等が配置されている場合は、その専門性を生かした対応を図ること。

特に乳児保育では、嘱託医との連携をはかるとともに、保育士・看護

補足

栄養士の配置
栄養士は配置基準として法律的には定められていないが、ほぼ各保育所に配置されている。

法令チェック

「幼保連携型認定こども園の学級の編制、職員、設備及び運営に関する基準」第5条第1項
幼保連携型認定こども園には、各学級ごとに担当する専任の主幹保育教諭、指導保育教諭又は保育教諭を1人以上置かなければならない。

用語解説

交代制勤務
一日を複数の勤務時間帯に分け、その間を人々が交代で仕事にあたる勤務形態をいう。多くの保育所では一日の保育時間が11時間前後に及ぶことから、労働時間を「早番」「日勤」「遅番」等に区別し、複数の保育者が交代で勤務する。時間、名称などは園によって異なる。
例：早番 7：00〜15：30
　　日勤 8：00〜16：30
　　遅番 11：30〜20：00

師・栄養士等がそれぞれの専門性を生かしながら職員間の連携をはかり、保育所全体で乳児の健康と安全を守っていくことが大切です。たとえば離乳食については、個人差、食物アレルギーの子どもへの配慮など、栄養士・調理員・保育士の連携が不可欠です。具体的には、保育士は、子どもにとって食べやすい形態だったか、味付けはどうだったかなどを栄養士と調理員に伝え、その内容を三者が把握することです。そのためには、お互いの仕事を尊重し、協力体制をつくり、共通理解とそれぞれの役割を認識して保育を進めていくことが大切です。

2 保育に関わる専門職の役割

保育に関わる専門職の役割についてみてみましょう。それぞれの職種の専門性を生かして、保育士等と連携をはかっていくことが望まれます（図表13-1）。

3 保育所の職員配置基準

保育所において、1人の保育士が担当する子どもの数をみていきましょ

図表13-1 保育に関わる専門職の役割

保育士	・子どもの発達に関する専門知識をもとに子どもの育ちを見通し、成長・発達を援助 ・子どもの発達過程や意欲を踏まえ、子ども自らが生活していく力を細やかに助ける生活援助 ・保育所内外の空間や物的環境、さまざまな遊具や素材、自然環境や人的環境の構成 ・子どもの経験や興味・関心を踏まえ、さまざまな遊びを展開 ・子ども同士の関わりや子どもと保護者の関わりなどを見守り、その気持ちに寄り添いながら、適宜必要な援助をしていく関係の構築 ・保護者等からの相談に対する助言
嘱託医	・保育所の子どもの発育・発達状態の評価、定期および臨時の健康診断とその結果に関するカンファレンス ・子どもの疾病・傷害と、事故の発生時の医学的処置および医学的指導・指示 ・感染症発生時における指導・指示、学校伝染病発生時の指導・指示、出席停止に関する指導 ・予防接種に関する保護者および保育士等に対する指導 ・衛生器材・医薬品に関する指導およびその使用に関する指導
看護師等	・子どもや職員の健康管理および保健計画等の策定と保育における保健学的評価 ・子どもの健康状態の観察の実践および保護者からの子どもの健康状態に関する情報の処理 ・子どもの健康状態の評価判定と、異常発生時における保健学的・医学的対応および子どもに対する健康教育 ・疾病異常・傷害発生時の救急的処置と、保育士等に対する指導 ・子どもの発育・発達状態の把握とその評価および家族への連絡 ・乳児保育の実践と、保育士に対する保健学的助言
栄養士等	・食育の計画・実践・評価 ・授乳、離乳食を含めた食事・間食の提供および栄養管理 ・子どもの栄養状態、食生活の状況の観察および保護者からの栄養・食生活に関する相談に対する助言 ・地域の子育て家庭からの栄養・食生活に関する相談に対する助言 ・病児・病後児保育、障害のある子ども、食物アレルギーの子どもの保育における食事の提供および食生活に関する指導・相談 ・食事の提供および食育の実践における職員への栄養学的助言
調理員	・食事の調理と提供 ・食育の実践

図表13-2 幼保連携型認定こども園の保育教諭の配置基準

園児の区分	員数
満1歳未満の園児	おおむね3人につき1人
満1歳以上満3歳未満の園児	おおむね6人につき1人
満3歳以上満4歳未満の園児	おおむね20人につき1人
満4歳以上の園児	おおむね30人につき1人

う。「児童福祉施設の設備及び運営に関する基準」で、その上限を年齢別に示しています[†1]。

> 保育士の数は、乳児おおむね3人につき1人以上、満1歳以上満3歳に満たない幼児おおむね6人につき1人以上、満3歳以上満4歳に満たない幼児おおむね20人につき1人以上、満4歳以上の幼児おおむね30人につき1人以上とする。ただし、保育所1につき2人を下ることはできない。

　また、幼保連携型認定こども園では、図表13-2のような基準が明記され、保育所とほぼ同じ配置基準になっています[†2]。幼保連携型認定こども園は、保育所機能と幼稚園機能の両方をもつため、保育所と共通のサービスが提供されているといえます。
　このほかに、保育所には短時間勤務の保育士、また、保育所・**幼稚園**・幼保連携型認定こども園には、特別なニーズを要する子どもに対しての加配保育士・保育教諭・教諭など、各自治体の条例に定められた基準で職員の配置がされています。

4 乳児保育におけるゆるやかな担当制

　乳児保育は一般的に複数担当で保育を進めていますが、そのなかで、特定の保育者が特定の乳幼児の保育を中心に行っています。たとえば、0歳児クラスでは、おおむね9人の乳児を3人の保育者が担当しているとしたとき、1人の保育者がそれぞれ特定の3人の子どもを担当することを「**担当制保育**」といいます。担当制においては、保育者はAちゃん、Bちゃん、Cちゃんの3人の子どもの保育について責任をもち、保育計画や連絡帳の記入、保護者への対応などを行います。特に養護の部分（食事、排泄、睡眠など）に関しては、担当する大人との関わりが大切になります。
　たとえば、食事（授乳、離乳食の期間）は順番に、まずAちゃん、次

▶ 出典
†1 「児童福祉施設の設備及び運営に関する基準」第33条第2項

▶ 出典
†2 「幼保連携型認定こども園の学級の編制、職員、設備及び運営に関する基準」第5条第3項

✚ 補足
幼稚園の職員の配置基準
「幼稚園設置基準」第3条
1学級当たり幼児数は35人以下。
「幼稚園設置基準」第5条第1項
各学級ごとに少なくとも専任の主幹教諭、指導教諭又は教諭1人以上。

参照
担当制保育
→レッスン7 図表7-3

はBちゃん、その次はCちゃんというように1対1で関わっていくことで、子どもも、次は自分だとわかるようになります。この方法で食事の援助を行うと、食べたりミルクをあげたりして1人につき15〜20分くらい時間を要します。それを日々積み重ねていくうちに、子どもは見通しをもてるようになります。

　保育者がAちゃんに関わっているとき、Bちゃん、Cちゃんは、パートタイムの保育者や副担任にみてもらうことが一般的です。子ども側からすると、1人の担当者と終日生活することで、その大人を認識するようになり、1対1の**愛着関係**を形成していくことができます。1歳ごろになると、食事の介助などは発達に合わせて、しだいに1対2、1対3と、1つのテーブルで複数の子どもの介助をするようになります。

　つまり、担当制保育によって、乳児期に特定の大人との**応答的な関わり**＊により愛着関係を築き、情緒の安定をはかることができ、人への基本的信頼感の形成につながります。また、1人の保育者がおおむね3人の乳児をみるという形でグループを固定化することは、子どもたちに仲間意識が芽生えるといったメリットもあります。デメリットとしては、その保育者へのこだわりが出たり、特定の子どもばかりに目をかけて、全体がみえなくなったりすることです。

　クラス全体の遊びや、子どもの前に立ち、保育を進めたり環境設定したりする際においては担当制ではなく、保育者の役割分担を組み合わせてクラス全体で保育を進めるなど人数の配分を工夫し、ほかの保育者と協力しながらクラス全体で子どもたちを保育することが一般的です。このような柔軟な保育体制を「ゆるやかな担当制」といい、多くの保育所で取り入れられています。

　つまり、ゆるやかな担当制をとることにより、乳児は特定の保育者との情緒的な絆を築くことができ、安心できる人への信頼感が得られ、人として生きていく土台がつくられていきます。また、チームプレーを活用することで、保育者1人が受けるストレスを軽減できたり、担当の保育者が休んだりした場合でもいつもの保育者がいることで安心し、乳児にとってもさまざまな人との出会いが広がっていきます。

5　早朝保育と延長保育時の職員間の連携

　長時間保育において、特に職員間の連携が必要なのはなぜでしょうか。「保育所保育指針」のなかで、下記のように述べられています[†3]。

> カ　長時間にわたる保育については、子どもの発達過程、生活

参照
愛着関係
→レッスン7

用語解説
応答的な関わり
保育者が子どもからの働きかけにこたえ、適切に関わること。子どもの言葉はもとより、表情、動き、状況などから理解し、その理解に基づいて関わり、こたえていくこと。こうした応答的関わりが、子どもの自信や自己力感を育てていくことにつながる。

出典
†3　「保育所保育指針」第1章3(2)「指導計画の作成」

> のリズム及び心身の状態に十分配慮して、保育の内容や方法、職員の協力体制、家庭との連携などを指導計画に位置付けること。

　長時間にわたる保育によって、子どもに心身の負担が生じることのないよう、家庭的でゆったりとくつろげる環境や、保育者との個別的な関わりなど、子どもが負担なく落ち着いて過ごせるよう心がけることが重要です。また、家庭との連携を密にし、保護者の状況を理解し、子どもの心身の状態に配慮しながら、子どもの生活の様子や育ちの姿を伝え合い、子どもの思いや一日の全体像についての理解を共有することが重要です。

　長時間保育の場合は、職員の勤務体制により、一日のなかでも複数の職員が担当することになります。引き継ぎの際には職員間で正確な情報の伝達を心がけ、すべての職員が協力して、子どもや保護者が不安を抱くことのないよう十分に配慮しながら関わっていくことが必要です。引き継ぎを行うときは、時間的余裕をもって保育者間で確認し合い、引き継ぎ事項連絡ノートなどに記録し活用することが有効です。

　また、けがなどをした場合は、しっかりと保護者に伝達する説明責任があります。重大なことは、施設長（園長）が直々に保護者に話し、クレーム等に至らないよう早期に対応します。また、不測の事態に備えてマニュアルを作成し、役割分担等を全職員で共通理解しておくことが大切です。

2．園内研修の意義

1　園内研修はなぜ大切なのか

　乳幼児期は生涯にわたる人格形成の基礎を培う大切な時期です。この時期に質の高い保育を保障することはきわめて重要で、子ども一人ひとりの発達を保障していくためにも、職員の資質向上は不可欠です。

　また、特別な配慮を必要とする子どもに対応していくことも求められています。そこで、これらの諸課題に対応するために園全体で課題を共有し、園の保育力、職員の専門性を向上させるには研修が必要になります。

　同じ職場内の保育者、職員が一緒になって、日々の保育活動をよりよいものにするという共通の目標をもって計画的に行う研修を「園内研修」といいます。「園内研究」「園内研」「OJT[*]」「カンファレンス[*]」など

※用語解説
OJT
On the Job Trainingの頭文字からとった略語で、職場内実地研修のこと。職場にいながら、日々の保育に役立つ能力を、実践の場で効果的に育成する研修形態をいう。

カンファレンス
保育カンファレンスにおいては、1つの正解を求めようとせず、多様な意見が出されることによって多角的な視点が獲得され、それぞれが課題を自分の問題として考えていく姿勢をもつことが重要である。

の名称も使われています。

　保育は、保育者自身の人間性や専門性等に影響される側面をもっているといわれます。常に自らを省み、改善に努めなければならないのです。「児童福祉施設の設備及び運営に関する基準」においても児童福祉施設の職員は「必要な知識及び技能の修得、維持及び向上に努めなければならない[†4]」と明記されています。

　専門性の向上は実践をとおして行われます。経験年数の異なる職員同士が、話し合いやワークショップ、園内の保育を互いに見学し合う研修などをとおして、それぞれの学びを深めていきます。

　ここで、「保育所保育指針」を確認してみましょう[†5]。

> （1）保育所職員に求められる専門性
> （前略）各職員は、自己評価に基づく課題等を踏まえ、保育所内外の研修等を通じて、保育士・看護師・調理員・栄養士等、それぞれの職務内容に応じた専門性を高めるため、必要な知識及び技術の修得、維持及び向上に努めなければならない。
> （2）保育の質の向上に向けた組織的な取組
> （前略）保育内容の改善や保育士等の役割分担の見直し等に取り組むとともに、それぞれの職位や職務内容等に応じて各職員が必要な知識及び技能を身につけられるよう努めなければならない。

　ここで大切なのは、各職員がそれぞれの職務内容に応じた専門性を高めるために、一人ひとりが資質向上をはかるとともに、課題に組織的に対応するために、職員全体の専門性の向上をはかるよう努めなければならないことです。

2　キャリアパスと園内研修

　キャリアごとの研修については、「それぞれの職位や職務内容に応じて」の研修の必要性があげられています。

　このことについて、無藤は、「養成段階、就職・採用段階、初任段階、中堅段階（5〜15年くらい）、主任段階（15年以降）、管理職段階などと分けて、各々に必要な知識・技術・見識・実行力などを研修していく[†6]」と述べています。

　保育所では、新人、中堅、主任、園長という**職位**があり、その職位にたどり着くための経験や研修を明確にすることで、報酬アップなどが実

▶出典
†4　「児童福祉施設の設備及び運営に関する基準」第7条の2第1項

▶出典
†5　「保育所保育指針」第5章1「職員の資質向上に関する基本的事項」（1）（2）

▶出典
†6　無藤隆「幼児教育のために研修の充実を」『保育ナビ』4月号、2017年、1頁

◆補足
保育士の職位
保育士には、教諭や看護師等とは異なり、保育士という資格に関わる独立した法律がなく、園長や主任といった職位が法定化されていない、階層制のない単一資格である。

現しやすい制度にするわけです。そのことについて「保育士のキャリアパスに係る研修体系等の構築に関する調査研究協力者会議」(厚生労働省、2016年)で議論され、国も保育士等の**キャリアパス***について取り組みました。つまり、これからはキャリアパスを明確にして、それに沿った研修体系を策定していくことが必要になります。

園内研修をとおして保育の資質を高めることは、保育者の専門性向上とともに保育の要となります。それらをとおして保育者の成長がみられたり、保育者間の共通理解がはかれたり職員同士の関係性が育まれます。また、職種を超えて職員間の連携をとることが望まれます。

研修を実施するうえで「保育所保育指針」では、施設長の責務として、「施設長は、(中略)各職員の研修の必要性等を踏まえて、体系的・計画的な研修機会を確保するとともに、(中略)その専門性の向上が図られるよう努めなければならない[†7]」と記されています。

つまり、施設長は職員の研修機会を確保するとともにキャリアパスを明確にして、職員がキャリアパスに応じた研修体系に基づいて資質や専門性の向上をはかれるよう努めなければならないのです。

ここで研修について「保育所保育指針」を確認してみましょう。

「職員が日々の保育実践を通じて、(中略)保育の質の向上を図っていくためには、日常的に職員同士が主体的に学び合う姿勢と環境が重要であり、職場内での研修の充実が図られなければならない[†8]」。

つまり、保育についてお互いに学び合おうという意識をもち、語り合うことが、力になるということです。

このように、園内研修をとおして、今まで気づかなかったことや、互いにわかったつもりになっていたことなどを、保育者同士で確認したり、問い直したりすることにより、保育の質の向上が図られ、一人ひとりの子どもの健やかな育ちへとつながっていくのです。研修の際には、具体的な子どもたちの姿や関わり、環境のあり方などをとらえた文字や写真、動画などによる保育の記録を用いて、参加する全員が共通理解できるように工夫する必要があります。

また、園内研修ばかりでなく、**園外研修***にも参加することにより、幅広い知識、技能を修得することができます。研修形態には、講演、講義、演習、実技講習、体験などがあります。園外にでることで、他園の状況や実態を知ったり、情報交換をすることで刺激を受け、士気も高まります。関係機関などによる外部研修を活用するとよいでしょう。

用語解説
キャリアパス(career path)
ある職位や職務につくために必要な職務経験と、その順番やルートのことで、キャリアアップしていく道筋のことをいう。専門職的成長ともいう。

出典
†7 「保育所保育指針」第5章2「施設長の責務」(2)

出典
†8 「保育所保育指針」第5章3「職員の研修等」(1)

用語解説
園外研修
幼稚園や保育所以外の場で行われる研修のこと。園外研修は、研修内容が豊富であり、保育者が、個々の経験や力量に応じて主体的に研修内容を選び、参加することができる。

3. 園内研修の実際

多忙化する保育業務や勤務の実態を考えると、全職員が一堂に会することは、時間的に難しい場合も少なくないようです。では、どのように園内研修を進めていけばよいか、実際に行う際のポイントをみていきましょう。

1 研修の日時

年度はじめに、どんな内容の研修にしたいか、職員会議で意見を出し合い、自分たちで計画を立てます。実施日や時間を決め、年間計画に位置づけ、定期的に実施していくようにするとよいでしょう。その際、施設長（園長）の責務として、リーダーシップを発揮するとともに、職員が研修に参加しやすい体制や時間帯の工夫などについて、環境の確保に努めなければなりません。

2 研修内容の決定

日々、自分たちが行っている保育実践で、日ごろ気になっていることをテーマに取り上げてみましょう。テーマは、保育実践をとおした研修、事例研修、園の課題に応じた研修など、具体的でわかりやすく、取り組みやすいものがよいでしょう。たとえば、「Aクラスの公開保育を実施して」「Bの遊びについて（個々の子どもの事例研究など）」「生活リズムについて」「危機管理について」など視点を絞ります。

3 研修の準備

係決めなどを役割分担しておき、場所の確保、職員間の連絡事項などについて伝達・確認し合います。研修で使用する資料は事前に配付し、目をとおしてから参加するようにお願いしたり、前もってテーマを伝えて、それについての質問やアンケートを提出してもらうことなどにより、時間が有効に使えます。また資料として、記録・写真・動画等も準備しておくと、より研修が深まります。

4 研修の実践

研修リーダーは進行役を担い、それぞれが意見を出しやすく、また質問しやすい雰囲気づくりに努めます。

また、共通認識の確認をすることが大切です。中坪は、園内研修の2

第4章　乳児保育の実際

▶出典
†9　中坪史典『保育を語り合う協働型園内研修のすすめ』中央法規出版、2018年、2-4頁

✳用語解説
KJ法
文化人類学者の川喜田二郎が開発した手法。カード（付せん）や模造紙（ホワイトボード）を用いて行う。カードのグループ化をとおして情報を分類し、整理する。カードに自分の意見を記すことで、全員に発言の機会が保障される。保育者の実践知を言語化することができる。

▶出典
†10　文部科学省監修、岩波映像製作『幼児理解にはじまる保育シリーズ』第2巻「せんせいだいすき」「お靴をとりにいくだけ？」2003年

つのタイプとして、「伝達型」と「協働型」をあげています†9。「伝達型」は園長、主任など責任をもつ保育者が中心となって、一方向的に知識、情報などを伝える研修です。「協働型」は、職位を問わず、保育者、他職種の職員が相互に対話をし、全員で課題について研修します。

これら双方のよさを取り入れつつ園内研修を進めていきましょう。

①どんなふうに話し合うか

ここでは、付せんやホワイトボードを用いて思考を可視化していく、KJ法*を紹介します。

付せんを活用して、テーマに沿って一人ひとりの意見を書いた付せんを大きな模造紙に貼り出したあと、似た意見を集めてグループ化し分類していきます（写真13-1）。また、写真を用いて、その場面についてそれぞれの意見を出し合ったり、見せ合います。付せんを活用することにより、事前に自分の意見を書くことができ、「先に同じ意見を言われたらどうしよう」といった不安がなくなります。さらに、内容が「見える化」されることで、参加者全員の意見を引き出しやすくなります。

ここで、保育士の専門性を高める研修方法の例をみていきましょう。

〈研修方法①　ビデオを使った研修〉

片づけ場面のビデオ†10（約3分）を視聴しての研修事例

砂場で遊んでいた男児A（3歳児）は片づけの時間になってからも遊び続け、片づけを拒否します。そこで、保育者B（女性）は遊びの終了を促しますが、最後は、強制的に抱きかかえて遊びをやめさせました。

ビデオの視聴後、その子どもと保育者のやりとりの場面について、自分だったらどのように対応するか話し合い、その結果を付せんを使ってカテゴリー別に分類しました。

写真13-1　付せんを活用した研修

出された付せんをカテゴリー別に分類していく。内容によって「よかったところ」「改善点」などが色分けされているため、わかりやすい。

この研修では、保育者一人ひとりが自分と重ね合わせながら話し合いました。すると、保育者Bの気持ちに同化したり、また批判的だったりと、さまざまな意見が出されたのです。このように、1つの事例からみえてくるものを同僚同士がチームで学び合うことが大切なのです。また、外部から専門の講師を招聘して指導を仰ぐことも、より効果的です。

②少人数グループに分かれての分科会から全体会に

　5～6人の小グループでは、活発な意見がでやすいという利点があります。その後グループごとの発表を聞き、また、意見を出し合う機会をもつとよいでしょう。ほかには、年齢の近い保育者同士のグループに分けて話し合ったあとで、全体で集まって報告し合う形も有効です。

③ポジティブな意見を出し合う

　「よかったところ」「感動したところ」など、ポジティブな意見を出し合い、省察しながら、「よりよくしていくためには、どうしたらよいか」と前向きな学びにつなげます。

　ここで、1枚の写真をもとに、子ども（1歳6か月）の気持ちをコメント用紙に記入する研修の例をみてみましょう。

〈研修方法②　写真を使った研修〉

　この写真から読み取れることを、「吹き出し」をつくって出し合ってみましょう。また、写真にタイトルをつけたり、ほかの保育者と意見交換をしたりするなかで、子どもの見方を広げてみましょう。

5　研修結果をまとめる

　研修は、話し合いをして終わりではなく、そこででたさまざまな意見やまとめたものを、園全体で共有することが大切になります。つまり、研修記録として残し、配付したり、課題によっては保護者にも掲示したりすることです。研修の結果を検討し、日々の保育にどう生かしていく

か、次につながるように、全職員で共通認識をもつようにすると効果的です。また、次回の研修につながるよう、職員一人ひとりが主体的に学び合う者として進めていくことで、活性化がはかられ、質の高い保育が実現していきます。

　ここまで述べてきたように、園内研修は、職員一人ひとりが本音で話し合えること、個人での学びだけでなく、対話をとおして同僚同士がチームで学び合うことが重要なのです。無理なく、楽しく、継続的な園内研修が望まれます。

演習課題

①延長保育中（遅番のとき）に2歳児が38度の発熱を生じたとき、どのように対応すればよいか、具体的な手順や方法について調べてみましょう。

②職員間の連携がスムーズに行われるためには、どのようなことが必要か、まわりの人と話し合ってみましょう。

③テーマを1つ決めて、研修の進め方を参考にしながら話し合い、まとめてみましょう。

レッスン 14

保護者とのパートナーシップ

このレッスンでは、保護者とのパートナーシップについて学びます。保護者とのパートナーシップとは、どのようなことを指し、具体的にどのようなことを行うのか理解しましょう。現代の子育て環境や家庭・地域機能の脆弱化等の状況を理解したうえで、具体的に学んでいきます。

1. 保護者・家庭とのパートナーシップによる保育

1 子育て家庭の現状と課題

①現代の子育て環境

核家族化、少子化、都市化、情報化、共働きの増加に加えて、家庭・地域機能の脆弱化などにより、家庭の養育機能の低下が指摘されています。従来のような祖父母やまわりの手助けを受けながらの子育て環境が失われてきているのです。このような環境のもと、身近な人に子育てに対する相談をしたり、助言や協力を得ることが困難な状況にある親（保護者）を、保育者としてどのように支えていくかを考えていく必要があります。

②子育てに不安やストレスを感じる保護者

情報はたくさんあり、知識はもっているのに、目の前の子どもと「どう関わればいいのかわからない」「泣かれると困ってしまうので、一日中ずっと抱っこしています」などと電話で相談してくる保護者が増えています。一人で悩みを抱え込み、孤立感とイライラ感が増大し、虐待につながるケースもみられ、大きな社会問題になっています。

これらの背景には、少子化により日常的に赤ちゃんと触れ合う機会が少ないため、親になるまで乳幼児の世話を体験したことがないことや、子育てに関する知識や技術などを教えてくれる人がいないため、孤立感が大きいことなどが考えられます。

現代の子育て環境や、子育てに不安やストレスを感じる保護者の状況を理解したうえで、保育者と保護者とのパートナーシップによる、子どもの最善の利益を考慮した保育が求められています。

2 保育所の役割と保護者・家庭との連携

保育所の役割とは何でしょうか。「保育所保育指針」では、「保育所保

> 参照
> 現代の子育て環境
> →レッスン5

育に関する基本原則」として、(1)保育所の役割、(2)保育所の目標、(3)保育の方法、(4)保育の環境、(5)保育所の社会的責任の5項目が示されています†1。

(1)の「保育所の役割」について具体的にみていきましょう。

> ア　保育所は、**児童福祉法第39条**の規定に基づき、**保育を必要とする子どもの保育を行い**、その健全な心身の発達を図ることを目的とする児童福祉施設であり、入所する子どもの最善の利益を考慮し、その福祉を積極的に増進することに最もふさわしい生活の場でなければならない。

ここでは、子どもたちの最善の利益を守り、子どもたちを心身ともに健やかに育てる責任が、保育所にあることを明らかにしています。

> イ　保育所は、その目的を達成するために、保育に関する専門性を有する職員が、家庭との緊密な連携の下に、子どもの状況や発達過程を踏まえ、保育所における環境を通して、養護及び教育を一体的に行うことを特性としている。

養護と教育が一体的に展開されるという意味は、生命の保持と情緒の安定をはかりつつ、乳幼児期にふさわしい経験が積み重ねられていくように援助することです。子どもの24時間の生活を視野に入れ、保護者の気持ちに寄り添いながら、家庭との連携を密にして行わなければならないとしています。

> ウ　保育所は、入所する子どもを保育するとともに、家庭や地域の様々な社会資源との連携を図りながら、入所する子どもの保護者に対する支援及び地域の子育て家庭に対する支援等を行う役割を担うものである。

保育所に入所する子どもの保護者への支援とともに、地域の子育て家庭に対する支援の役割が明記されています。

> エ　保育所における**保育士**は、（中略）倫理観に裏付けられた専門的知識、技術及び判断をもって、子どもを保育するとともに、子どもの保護者に対する保育に関する指導を行うもの

▶ 出典
†1 「保育所保育指針」第1章1「保育所保育に関する基本原則」

☑ 法令チェック
「児童福祉法」第39条第1項
保育所は、保育を必要とする乳児・幼児を日々保護者の下から通わせて保育を行うことを目的とする施設とする。

◆ 補足
「保育の必要性」の事由
（「子ども・子育て支援法施行規則」第1章第1節「支給認定等」第1条）
①就労　②妊娠、出産　③保護者の疾病、障害　④親族の介護・看護　⑤災害復旧　⑥求職活動　⑦就学、職業訓練　⑧虐待やDVのおそれがあること　⑨育児休業取得時に、すでに保育を利用していて継続利用が必要であること　⑩その他。
→レッスン6

☑ 法令チェック
「児童福祉法」第18条の4
保育士の名称を用いて、専門的知識及び技術をもって、児童の保育及び児童の保護者に対する保育に関する指導を行うことを業とする者をいう。

> であり、その職責を遂行するための専門性の向上に絶えず努めなければならない。

　専門的な知識・技術などをもって、子どもの保育と保護者への支援を適切に行うことはきわめて重要です。さらに、そこに倫理観に裏づけられた「判断」が強く求められます。

　以上の4項目から、保育所の役割においては、保育所と保護者・家庭との連携が基盤となっていることが読み取れます。前述の子育て家庭を取り巻く状況を理解したうえで、なぜ保育者と保護者のパートナーシップが求められるのか確認できたのではないでしょうか。

3　保育の場における子育て支援、保護者支援

　保育者には、専門的な知識・技術をもって直接子どもと関わりをもつとともに、パートナーである保護者に対して子育て支援を行うという重要な役割があります。

①「子育て支援」とは何か

　大豆生田は、「子育て支援（あるいは『子ども・子育て支援』）とは、子どもおよび子育てを行う養育者に対して、社会全体で行ういとなみであり、安心して子どもを産み育てる環境をつくるとともに、子どもの健やかな育ちを促すことが目的である。その第一義的責任は父母その他の保護者にあり、それを社会全体で支えるいとなみである」「つまり、子育て支援は、保護者が安心して子どもを産み育てていくこと、および子どもの健やかな育ちを支援していくことであり、家庭支援はその重要な機能として位置づけられる」と述べています[†2]。

　つまり、子育て支援とは、保護者の子育ての負担や不安、孤立感を和らげ、親として子どもの成長の喜びを感じられる子育てができるよう、子どもの育ちと保護者の子育てを社会全体で支えていくことです。

　「保育所保育指針」においても、保育所の子育て支援として、保育所を利用している保護者に対する子育て支援とともに、地域の保護者等に対する子育て支援が明記されています。

②保育所、幼保連携型認定こども園、幼稚園における子育て支援

　「保育所保育指針」第4章では、大きく3つの項目で子育て支援に関する記述があります。

> 1　保育所における子育て支援に関する基本的事項
> （1）保育所の特性を生かした子育て支援

▶**出典**
†2　日本保育学会編『保育を支えるネットワーク——支援と連携』東京大学出版会、2016年、27-28頁

> （2）子育て支援に関して留意すべき事項
> 2　保育所を利用している保護者に対する子育て支援
> 　（1）保護者との相互理解
> 　（2）保護者の状況に配慮した個別の支援
> 　（3）不適切な養育等が疑われる家庭への支援
> 3　地域の保護者等に対する子育て支援
> 　（1）地域に開かれた子育て支援
> 　（2）地域の関係機関等との連携

> ◆補足
> **地域の子育て家庭に対する支援の例**
> A市子育て支援センターは、主に0歳から就学までの乳幼児と保護者が楽しく遊んだり、情報交換したり、自由に利用できるところである。また、保育士や子育てに関する知識・経験を有する職員が配置されており、気軽に育児相談が可能である。主な役割として、以下があげられる。
> ①「子育て親子の交流の場の提供と交流の促進」：施設内外（保育所、幼稚園等）の部屋、園庭の開放。
> ②「子育てに関する相談」：施設での個別相談を受けることができる。
> ③講習会の実施：子育て・子育て親子に関する講習会。
> ④地域の子育て関連情報の提供など。
> （「平成28年度版（前期）行こうよ！地域子育て支援センター」）

　これらの項目においては、保育所では地域や家庭の実態などを踏まえ、相互の信頼関係を基本に、保護者と連携して子どもの育ちを支える視点をもつことの重要性が述べられています。また、特別なニーズを有する家庭への支援など、状況に応じて個別の支援を行うよう努めることが記されています。

　「幼保連携型認定こども園教育・保育要領」では、第4章「子育ての支援」について「保育所保育指針」と同様に大きく3つに分けて、子育て支援に関する記述があります。そこでは「保育所を利用している保護者に対する子育て支援」とほぼ同等の内容が記されており、幼保連携型認定こども園は、「地域における乳幼児期の教育及び保育の中心的な役割を果たすよう努めること」と述べられています。

　「幼稚園教育要領」では、第3章「教育課程に係る教育時間の終了後等に行う教育活動などの留意事項」1に、子育て支援に関する記述があります。

　そこでは、子育て支援とは、保育所・幼保連携型認定こども園、幼稚園のいずれにおいても、保護者とのコミュニケーションを積極的に行い、保護者の気持ちを受け止めることで相互理解を深め、保護者自身が子育てに自信をもち、子育てを楽しいと感じることができるようにすることと述べられています。子育て支援においては、保護者自身の主体性や自己決定を尊重し、保護者とともに子どもの成長を喜び合うことが大切です。これらの支援は保護者の養育力向上にもつながります。

2．パートナーシップの基盤は保護者と保育者の信頼関係

1　信頼とは何か

　相手を信じて安心して頼れること、それが信頼なのです。保護者と保

育者の間で、信頼し、信頼される関係を形成していくことがとても重要です。永野は、「相手を信頼する、あるいは相手から信頼されることは、他者を受け入れる（受容）、共感することから始まる[†3]」と述べています。

「一緒に子育てをしていくパートナー」であるという思いが、保護者と保育者をつなぎます（図表14－1）。同じことを伝えても、信頼関係があるのとないのでは、保護者の対応は変わってきます。保育者の専門性を生かして、「一緒に子育てしていきましょう」という姿勢と、プラスのメッセージを送ることが、信頼関係を築くための基礎となります。

2 保護者との相互理解とは

保護者との相互理解とはどういうことでしょうか。「保育所保育指針解説」には、以下のようなことが記されています[†4]。

①伝達と説明

保護者と密接な連携をとっていくためには、保護者への子どもの様子の伝達や保育の意図の説明などを通じて、互いに理解し合うことが不可欠です。そのための手段として、家庭からの情報、保育所からの情報を交換し合い、保護者の子育てに対する自信や意欲を支えられるように内容や実施方法を工夫することが望まれます。

②保育の活動に対する保護者の積極的な参加

保育所における保育の活動への保護者参加は、保護者の子育てを実践する力を高めるうえでも重要な取り組みです。子どもの遊びに参加することで、遊びの世界や言動の意味を理解したり、保育者たちとともに活動したりするなかで、自分でも気づかなかった子育てについての有能感

> **出典**
> †3 永野典詞・岸本元気『保育士・幼稚園教諭のための保護者支援──保育ソーシャルワークで学ぶ相談支援（新版）』風鳴舎、2016年、34頁

> **出典**
> †4 「保育所保育指針解説」第4章2（1）「保護者との相互理解」

図表14－1 信頼関係は日ごろの関わりが大切

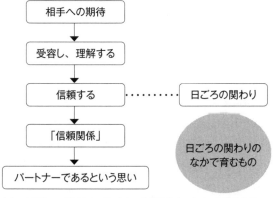

出典：永野典詞・岸本元気『保育士・幼稚園教諭のための保護者支援──保育ソーシャルワークで学ぶ相談支援（新版）』風鳴舎、2016年をもとに作成

を感じることもあります。実施する際には、活動の内容、時間や日程に幅をもたせ、保護者の状況を配慮して機会を提供することが求められます。

3 朝の受け入れと降園時の重要性

朝の受け入れと降園時は、保護者との連携において重要な時間です。具体的にどのような対応をしていけばよいかをみていきましょう。

①朝の受け入れ時

朝の受け入れ時は、笑顔で気持ちのよいあいさつをします。1日のうちで一番いい顔をして、保護者が「さあ、今日もがんばろう」という気持ちが湧いてくるような言葉を伝えていきましょう。朝の連絡事項は短時間で要領よく行い、子どもを園モードに切り替えてあげることが大切です。

朝の別れ際に子どもに泣かれると、保護者も後ろ髪を引かれる思いで仕事に向かわなくてはなりませんが、「バイバイ」とご機嫌で別れれば、気持ちも軽やかに仕事に向かうことができます。このように、子どもの状態が保護者の気持ちにも影響を与えます。泣いている子どもの保護者が安心できるように、保育者にはその支援者として、温かく包み込む力量が求められます。

②降園時

夕方のお迎えのときには、「お仕事お疲れさまでした」と保護者に労をねぎらう言葉をかけます。その際、子どものけがや傷、体調の変化などを忘れずにきちんと伝え、保護者が納得するような対応をすることが大切です。また、保育者が投げかけたなにげない会話から、さまざまな家庭の状況、保護者の仕事の大変さ、子育てへの悩みなどを聞くことができます。気になる保護者に対して伝えたいことがあっても、まずは保護者の話に耳を傾けましょう。

保護者対応において大切なことは、自分の価値観は脇において、相手をあるがままに受け入れることです。そして相手の感情に寄り添う温かい態度で共感し、優しい一言をかけることです。子どもが日々成長していることをきちんと伝え、保護者と一緒に喜び合いましょう。「今日ね、○○ちゃん、こんなことができたんですよ」「今日は、ヤダと拒否してけんかになりましたけど」など、保育中に起きたことをていねいに伝えていくことで、保護者との間に信頼感が形成されます。

親子と保育者が、「また、あしたね」と、明日への期待をもてるようなやりとりを積み重ねていくことで、ともに子育てをしていくパートナー

シップが生まれます。ただし、子どもは保育者と話している親をそばで見ていますので、話の内容によっては、配慮を要することを頭に入れておきましょう。以下のインシデントは朝の受け入れ場面に関するものです。

インシデント①　早朝保育の受け入れ場面での保護者の不安
　Ａちゃん（１歳）は４月に入園したばかりで、はじめての早朝保育のとき、母親は、どの保育室でやっているのかわからなくて困ってしまいました。いつもの１歳児クラスには誰もいません。結局、２階の保育室に早朝保育の子どもたちが合同でいることがわかりました。Ａちゃんの母親は、場所がわからなくて困ったことを担当の保育者に伝えたところ、謝罪の言葉がありました。その後、園内マップと各担任の顔写真を玄関のところに掲示してくれたため、保育者の顔と名前がわかるようになりました。

　保護者の不安に対してていねいに対応することで、保護者は保育者を信頼するようになります。次に、登園を嫌がることに対する相談についてのインシデントをみていきましょう。

インシデント②　登園を嫌がることについて相談を受ける保育者
　ここのところ登園をいやがるＢくん（２歳）の母親から、「園で何かあったのですか、朝行くまでは元気なのにどうすればいいですか？」と問い合わせがありました。
　そこでまず、泣いているＢくんを抱き、「お母さんと別れるのさびしいね」と優しく声をかけ、母親には「心配でしょうが、泣きやむまでしっかりみていますから、安心してください」と見通しを伝えることで、母親も安心して職場に向かいました。夕方迎えにきた母親は、元気に遊んでいるＢくんの姿を見て、うれしそうに担任に話しかけてきました。

　このように、保護者から相談があった場合には、保護者の話をまず受け止めて、具体的な対処を伝えることが大事です。

3. 保護者とのパートナーシップを高める

1 保護者とのパートナーシップの重要性

　自分の子どもが毎日園でどのように過ごしているのか、園の先生がどのようにわが子をみていてくれるのか、保護者は当然知りたいと考えます。以下が保育者と保護者をつなぐためのポイントとなります。

①情報交換を密にして、コミュニケーションを豊かにすること
②親のニーズの把握とそれへの応答
③子育てについて相談にのったり、学んだりする機会を設けること
④子育ての喜びをもてるように、親のもっている子育ての力を引き出すこと
⑤不適切な子育てだと判断した場合は、子どもを守るために行動すること

2 パートナーシップを高める具体的方法

　情報交換を密にする方法として、ここでは「おたより」と「連絡帳」について、具体的にみていきましょう。

①おたより

　おたよりとしては、園だより、クラスだより、保健だより、給食だよりなどがあります。毎月1回発行している園が多いようです。内容はそれぞれ園独自のものになりますが、保護者からは「子どもたちの日常が目に浮かぶような文章で書いてあるので、楽しく読ませてもらっています」「気持ちの共有ができるようで心が温まります」「おたよりを読み、園の先生方に助けてもらい、一人で子育てをしているのではないと感じています」などの意見があります。保護者が園の保育や子どもの姿を理解するうえで、おたよりが役立っていることがわかります。

　図表14-2は給食だよりの例です。「食」に関して、高い意識をもっている保護者も多く、給食のメニューが家庭での会話に登場したりします。役立つ情報とともに、園の食への取り組みについても伝えていきましょう。

　最近は、写真を生かした発信の事例として、**ポートフォリオ、ドキュメンテーション**があります。園での子どもたちの様子を写真でていねいに伝えていくと、保護者と子どもの育ちを共有することができます。また、視覚的に理解できることで、親子の対話もはずみます。「○○ちゃんと△△ちゃんはこんな話をしていた」などと、子どもたちの姿、言葉を具体的に記録し、子どもの活動に対しての「感想」「気づき」を共有

[参照]
ポートフォリオ、ドキュメンテーション
→レッスン5

図表14-2 給食だよりの例

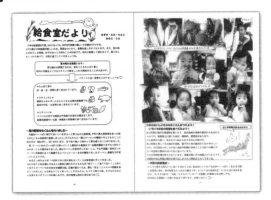

出典:大豆生田啓友『保育が見えるおたよりづくりガイド——よりよい情報発信のために』赤ちゃんとママ社、2013年

することができます。

②連絡帳

　連絡帳は、子どもの家庭と園をつなぐ架け橋的な役割をもち、保護者との信頼関係を築くために大切なものです。家庭での子どもの様子を知ることができ、スムーズに園生活を送る手助けになります。保護者と園が子どもの育ちを支え合い、成長の喜びや感動を綴る育児記録的な役割もあります。また、連絡帳のなかで保護者の悩みや不安にこたえることで、子育て支援ができます。

　連絡帳の様式は、園によっても年齢によっても異なることがありますが、図表14-3に一般的な連絡帳の様式の例をあげます。まず、「家庭から」「保育園から」の欄があり、健康状態、生活のリズムに関する項目として、機嫌、食事、睡眠、排便などがあります。連絡事項には、日々の子どもの様子や相談などを記入します。短時間で簡単に記入しやすい様式が、保護者にとっても保育者にとってもよいでしょう。

　連絡帳を書くうえで心がけたいのは、まず保護者からの質問には必ず返事をすることです。共感したり、アドバイスをしていきます。子どもの「できた」をほめ、日々の成長がわかるようにします。また、保護者をほめ、自信につながるような温かい励ましの言葉をかけ、会話がはずむようにします。留意点として、悪いことは書かないようにします。連絡帳は一生残るものですから、言葉の使い方にも気をつけましょう。

　子育て支援になる連絡帳の書き方としては、子どもの姿だけでなく、保育者との関わりを書くようにしたり、親の立場に立って書いたりすることを心がけましょう。

図表 14-3　連絡帳の様式　（一般的なもの）

	月　　　　日　　　曜日　　　天気	
	家庭から	保育園から
きげん	良い　　普通　　悪い	きげん　　良い　　普通　　悪い
朝食		昼食　・食べた　　お　・食べた 　　　・少なめ　　や　・少なめ 　　　・食べなかった　つ　・食べなかった
睡眠	就寝　時　～　起床　時	午睡　　　　時　～　　　時
排便	普通　硬　軟　　回	排便　普通　硬　軟　　回
入浴	有　　　　無	
	家庭での様子、連絡事項	園での様子、連絡事項
記録者		記録者

インシデント③　連絡帳で子育ての相談（女児C、1歳3か月）

（保護者より）野菜を食べないで残しているようですが、家でも食べないです。どうしていくのがよいでしょうか？

（担任より）園では、ご飯に混ざっている野菜は食べますが、単独のおひたしなどは形がわかるのか、ベェーと出しています。ご家庭ではどのような形で野菜が出ますか？　もし、野菜だけなのであれば、まぜご飯のようにするのも一つの方法です。お母様もつくって残されるのはつらいですよね。でも先日の懇談会で、食卓に苦手な野菜を出し続けることで、いつかよく食べるようになるという先輩のお母様からのアドバイスもありました。参考になさってみてください。

――その2か月後――

（保護者より）前は食べなかったキュウリを、最近は気に入ってよく食べるようになりました。食べなくても食卓に並べると、いつか食べるようになるというアドバイスどおりでした。ありがとうご

ざいます。
（担任より）本当ですか。うれしいお知らせをありがとうございます。

インシデント③では、担任がていねいにこたえたことで、母親も納得した様子です。相談してよかったと思える事例です。

エピソード　女児Dの行動について（担任より）
（1歳3か月）
　園庭に落ちていた花びらを手のひらにのせて、「だっだ」（先生、見て、きれいな花びら）と担任やお友だちに見せてくれたDちゃん。風で飛んでいくと「あれ？」（どこへ行ったのかな？）と、飛んでいった花びらを探していました。見つけると「あっだ」と、また手のひらにのせてうれしそうに笑っていました。とってもかわいかったですよ。

（1歳6か月）
　離乳食を食べているお友だちの真横で観察していたDちゃん（おいしそうに食べてるな）。担任が「上手だね」とDちゃんに言うと、お友だちを指さし、笑顔で（うん、ほんと）拍手をしてくれました。私（保育者）もうれしくなりました。

　エピソードは、子どもの行動（事実）、子どもの気持ちの解釈、保育者の感想・思いが書かれていて、そのときの子どもの様子が目に浮かんできます。
　事実だけでなく、子どもの気持ちも解釈して書くと、「保育者がわが子をよくみてくれている」と母親に伝わります。このような連絡帳を書くためには、保育者はふだんから子どもをよくみておく必要があります。

③保護者会（懇談会）や個人面談
　保護者会（懇談会）は、一般的には年3回（入園直後、年度の中ごろ、年度末）実施されています。担任と保護者が1人ずつ話していくだけのものにならないよう留意し、充実した保護者会（懇談会）になるよう工夫して計画的に取り組んでいきます。ほかの保護者の話を聞いて、内容は異なっても「そうそう」とわかり合えたり、「自分だけじゃないんだ」と共感でき、悩みが解決できるような懇談会にするためには、日ごろからの保護者との連携が大切です。
　個人面談では、次のことに留意して取り組みましょう。①保育者の見方を押しつけず、まずは保護者の話を傾聴すること（保育者が思ってい

図表14－4 保育所の保育参加の例

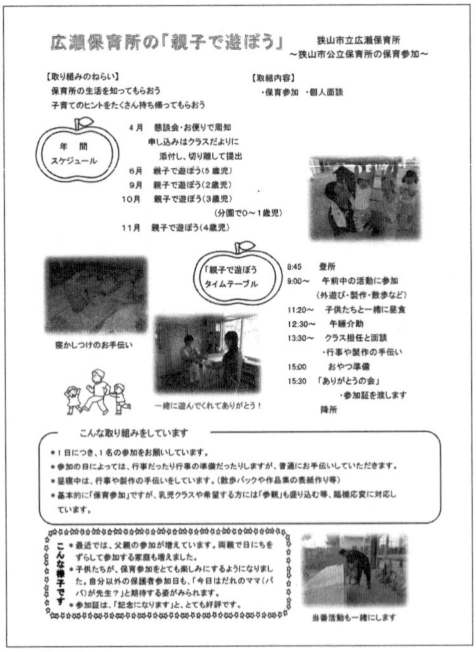
広瀬保育所の「親子で遊ぼう」
狭山市立広瀬保育所
～狭山市公立保育所の保育参加～

【取り組みのねらい】
保育所の生活を知ってもらおう
子育てのヒントをたくさん持ち帰ってもらおう

【取組内容】
・保育参加　・個人面談

年間スケジュール
4月　懇談会・お便りで周知
申し込みはクラスだよりに
添付し、切り離して提出
6月　親子で遊ぼう(5歳児)
9月　親子で遊ぼう(2歳児)
10月　親子で遊ぼう(3歳児)
(分園で0～1歳児)
11月　親子で遊ぼう(4歳児)

「親子で遊ぼう
タイムテーブル
8:45　登所
9:00～　午前中の活動に参加
(外遊び・製作・散歩など)
11:20～　子供たちと一緒に昼食
12:30～　午睡介助
13:30～　クラス担任と面談
・行事や製作の手伝い
15:00　おやつ準備
15:30　「ありがとうの会」
・参加証を渡します
降所

寝かしつけのお手伝い

一緒に遊んでくれてありがとう！

こんな取り組みをしています
＊1日につき、1名の参加をお願いしています。
＊参加の日によっては、行事だったり行事の準備だったりしますが、普通にお手伝いしていただきます。
＊昼寝中は、行事や製作の手伝いをしています。(散歩バックや作品集の表紙作り等)
＊基本的に「保育参加」ですが、乳児クラスや希望する方には「参観」も盛り込む等、臨機応変に対応しています。

こんな様子です
＊最近では、父親の参加が増えています。両親で日にちをずらして参加する家庭も増えました。
＊子供たちが、保育参加をとても楽しみにするようになりました。自分以外の保護者参加日も、「今日はだれのママ(パパ)が先生？」と期待する姿がみられます。
＊参加証は、「記念になります」と、とても好評です。

当番活動も一緒にします

資料提供：埼玉県狭山市役所保育幼稚園課

る正しいことに保護者を引き込むことではないのです)。②子どもの悩みや課題には、具体的な手立てを伝えて、保護者の協力を得て一緒に考えていくこと。③面談後も話し合う姿勢を大切にし、「その後どうですか」と保護者がいつでも気楽に話せるよう促すこと。個人面談は、保護者と1対1で話せる場でもあるので、信頼関係を築けるよう、上手に活用しましょう。

④保育参観と保育参加

保育参観とは、保護者との連携をはかるため、園でのありのままの子どもの姿を見てもらうことです。保育参加は、保護者に子どもと一緒に遊んだり、関わってもらったりする（保育を体験してもらう）ことです。子どもとどう関わったらいいのか知ってもらうためには、口で伝えるより体で感じてほしいために行います。共通点は、この取り組みを通じて、子どもたちの成長を、保護者と保育者が協力して支え合っているという意識を生じさせることを目的としている点です。保護者の協力や声を反映させることで、園での保育内容を高めていきましょう。

図表14－4の広瀬保育所では、保育参加の取り組みのねらいは、「保育所の生活を知ってもらおう」「子育てのヒントをたくさん持ち帰ってもらおう」となっています。取り組み内容は「保育参加」「個人面談」

です。また、「こんな取り組みをしています」「こんな様子です」のコーナーが掲載されています。

保育参加のタイトルは「親子で遊ぼう」ですが、「1日保育士体験」として、給食や午睡用のふとん敷きなど、保育者の仕事と同じようなことを体験してもらう取り組みなどもしています。この取り組みでは、1日につき、1クラス1人の参加をお願いしています。2人だとおしゃべりしてしまうため、1人にしてしっかりみてもらえるようにしているそうです。

以下は、参加した保護者の感想で多かったものです。

・久しぶりにたくさん体を動かし、少し疲れましたが、ほかの子どもたちとも遊べ、私もとても楽しかったです。
・ほかの子に対して「思いやりのある接し方」などが見られ、家では見られない姿を見ることができてうれしかった。

保育者の感想もみてみましょう。

・気になる子については、園での様子を見ていただくことで、保護者との共通認識がもちやすくなりました。
・ふだんゆっくり話ができない保護者と話すことができ、連絡帳ではわからない子どもの姿を聞くことができました。

このような保育参加は、園での子どもの生活、保育者の業務内容などを保護者が知ることで、相互の信頼関係も深まるのではないでしょうか。保護者が園の活動に主体的に参加し、力を発揮していくなかで連携・協働が不可欠なものとなっていくことが期待されます。

演習課題

① インターネットなどで保護者の保育参加の事例を調べてみましょう。事例ごとの連携のあり方を明らかにし、工夫している点、問題点を明らかにしましょう。
② 保育所で「かみつき」が発生したとき、保護者対応の原則をまわりの人と話し合ってみましょう。かんだ子の名前は教えますか。教えませんか。

③「保育所保育指針」等を参考に次の文の（　　）に適当な語句を入れなさい。

1　現代の子育て環境や子育てに不安やストレスを感じる保護者の状況を理解したうえで、保育者と保護者との（　　　　　　　）により子どもの（　　　　　　　）を考慮した保育が求められている。

2　保育所は、その目的を達成するために、保育に関する（　　　　　）を有する職員が、家庭との緊密な（　　　　）の下に、子どもの状況や発達過程を踏まえ、保育所における環境を通して、養護および（　　　）を一体的に行うことを特性としている。

3　保護者に対する子育て支援を行う際には、各地域や家庭の実態等を踏まえるともに、保護者の気持ちを（　　　　　）、相互の（　　　）を基本に、保護者の（　　　）を尊重すること。

4　保育の活動に対する保護者の積極的な参加は、保護者の子育てを自ら（　　　　）の向上に寄与することから、これを促すこと。

5　保育所の特性を生かし、保護者が子どもの成長に気付き（　　　）を感じられるように努めること。

レッスン **15**

関係機関との連携

現代では、保護者はさまざまな子育ての悩みを抱えています。保育者は、保護者に寄り添い、子育て支援を進めていく役割を担っていますが、保育者だけでは対応しきれないケースについては専門性を有する関係機関との連携が必要です。このレッスンでは、乳児保育における関係機関との連携について学びます。

1. なぜ関係機関との連携が必要なのか

　子ども・子育て支援新制度は、すべての子ども・子育て家庭を対象に、幼児教育、保育、地域の子ども・子育て支援の質・量の拡充をはかるものです。新制度の施行により、子育て家庭への支援について充実がはかられるようになりました。

　子育てに対する支援は、国や市町村などが主体となる公的なものだけではありません。近年は、スーパーやデパートなどに子ども用の遊びコーナーが設けられたり、公衆トイレに乳児用のおむつ交換のスペースや哺乳室が設置されたりするなど、子育てに優しい街づくりを社会全体として目指している動きがあります。

　しかし、図表15-1に示すように、保護者の子育てに関する悩みはいまだに多く、多岐にわたっています。また、支援が必要な保護者や、児童虐待も増加しています。保育士等がその専門性を生かし、子育て家庭を支援していくことはもちろん大切ですが、なかには保育所等だけでは問題に対処しきれないケースも多くあります。そのようなとき、保育者

図表15-1 子育てに関して保護者が抱えている悩み

・子どもの欲求・サインがわからない ・子どもの発達がわからない ・子どもとの関わり方・言葉のかけ方がわからない ・子どものしつけがわからない ・子どもの遊びがわからない ・身近に相談する人がいない（家族・友人・地域・親戚等） ・家族の子育て参加や協力が得られない ・経済的な悩みを抱えている	・精神的な悩みを抱えている ・身体的な悩みを抱えている ・保護者自身の子どもとの接触・人とのふれあい体験が少ない ・保護者自身の子ども時代の子育て体験と比較してしまう ・保護者自身の自己解決・自己コントロール力が低い ・保護者自身の遊び体験が少ない ・保護者自身の家事力が低い

注）筆者による調査

は、関係機関と連携しながら問題に対処していくことが必要となります。

2. さまざまな機関、職種との連携

1 保健、医療機関との連携

　保育所等が連携している関係機関の一つに、嘱託医や市町村保健センターなどの保健、医療機関があります。

　乳児は特に疾病にかかりやすく、保健的な対応が求められます。「保育所保育指針」においても「保育の実施に関わる配慮事項」において、次のように記されています[†1]。

> ア　乳児は疾病への抵抗力が弱く、心身の機能の未熟さに伴う疾病の発生が多いことから、一人一人の発育及び発達状態や健康状態についての適切な判断に基づく保健的な対応を行うこと。
>
> ウ　乳児保育に関わる職員間の連携や嘱託医との連携を図り、第3章に示す事項を踏まえ、適切に対応すること。栄養士及び看護師等が配置されている場合は、その専門性を生かした対応を図ること。

▶出典
†1　「保育所保育指針」第2章1（3）「保育の実施に関わる配慮事項」

　以下では、連携の具体的な内容についてみていきます。

①疾病時や事故の際、災害時の対応など

　「保育所保育指針」第3章「健康及び安全」には、疾病や事故があった際の嘱託医等との連携について、以下のように記されています[†2]。

▶出典
†2　「保育所保育指針」第3章1（3）「疾病等への対応」

> ア　保育中に体調不良や傷害が発生した場合には、その子どもの状態等に応じて、保護者に連絡するとともに、適宜、嘱託医や子どものかかりつけ医等と相談し、適切な処置を行うこと。看護師等が配置されている場合には、その専門性を生かした対応を図ること。
>
> イ　感染症やその他の疾病の発生予防に努め、その発生や疑いがある場合には、必要に応じて嘱託医、市町村、保健所等に連絡し、その指示に従うとともに、保護者や全職員に連絡し、予防等について協力を求めること。また、感染症に関する保育所の対応方法等について、あらかじめ関係機関の協力を得

> ておくこと。看護師等が配置されている場合には、その専門性を生かした対応を図ること。

疾病や事故が起きたときだけではなく、その予防についても、関係機関との協力が不可欠となります。また、災害への対策なども連携に含まれます。

②**健康管理に関する指導**

アレルギーのある子どもへの対応についても、保健、医療機関との連携が必要となります。「保育所保育指針」においても次のように記されています[3]。

▶出典
[3] [2と同じ

> ウ　アレルギー疾患を有する子どもの保育については、保護者と連携し、医師の診断及び指示に基づき、適切な対応を行うこと。また、食物アレルギーに関して、関係機関と連携して、当該保育所の体制構築など、安全な環境の整備を行うこと。看護師や栄養士等が配置されている場合には、その専門性を生かした対応を図ること。

アレルギー疾患以外にも、慢性疾患や発達障害など、子ども一人ひとりの状況に合わせて、安全に園生活を送るために必要な健康上の対応について、連携をとり、対処していきます。

③**健康診断、歯科検診**

保育所等で定期的に行われる健康診断、歯科検診などについても、嘱託医等との連携が必要となります。特に乳児は、頻繁に健康診断が行われるので、緊密に連携をとる必要があります。

④**年間保健計画**

年間保健計画とは、子どもが健康で安心、安全な環境で過ごすために、保育所等で作成される計画です。この計画作成にも嘱託医等が参加します。

2　地域の関係機関との連携

児童虐待は年々増え続けており、保育者には、関係機関と連携しながら対処していくことが、これからますます求められます。虐待に関する専門機関には、児童相談所や要保護児童対策地域協議会があります。

また、子ども・子育て支援新制度の施行にともない、子どもの福祉を支援する体制を強化するために、子育て世代包括支援センターが設置さ

第4章 乳児保育の実際

図表15-2 子育て世代包括支援センターの概要

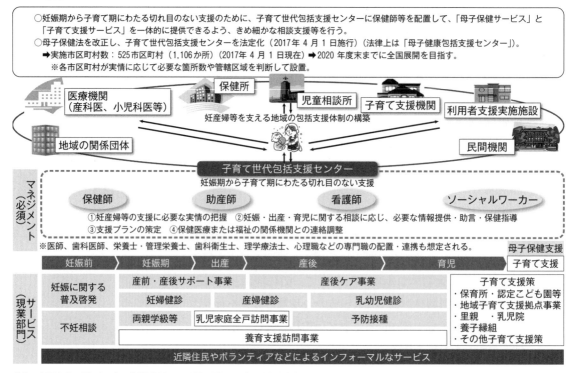

出典：内閣府「子ども・子育て支援新制度Ⅷ 地域子ども・子育て支援事業」2018年をもとに作成

れました（図表15-2）。さらに、2016（平成28）年改正の「児童福祉法」により、市町村は、地域の子どもおよび妊産婦の福祉に関する支援業務を行うということが明確化され、地域の実情の把握のために子ども家庭総合支援拠点が整備されることになりました。これらの機関と保育所は、連携して地域の子育て家庭を支援していく必要があります。以下に、主な地域の関係機関をあげます。

①児童相談所

児童相談所は、児童福祉において地域の中心的な役割を果たす機関です。「児童虐待の防止等に関する法律」における、虐待が疑われる子どもを発見した場合の児童相談所への通告義務は、保育所や保育者にも課せられています。保育所は、特に初期対応や家庭関係の調整において、児童相談所と連携しながら進めていくことが期待されています。

②要保護児童対策地域協議会

要保護児童対策地域協議会とは、虐待を受けた子どもをはじめとする要保護児童に関する情報交換や支援を行うための協議会で、**構成員**は児童家庭福祉関係、教育関係、医療機関、警察・司法関係などからなり、児童相談所が設置、運営を支援しています。保護者に不適切な養育が疑

◆補足

要保護児童対策地域協議会に参加する構成員
①児童家庭福祉関係（市町村の児童福祉主管課、児童相談所、福祉事務所、家庭児童相談室、保育所、地域子育て支援センター、児童養護施設など）、②教育関係（教育委員会、幼稚園、小学校、中学校、高等学校、特別支援学校）、③保健医療関係（市町村の母子保健主管課、保健センター、保健所など）、④医療機関（医師、保健師、看護師など）、⑤警察・司法関係（警察署、弁護士、人権擁護委員会など）。

図表15−3 子育て世代包括支援センターの実例（池田市）

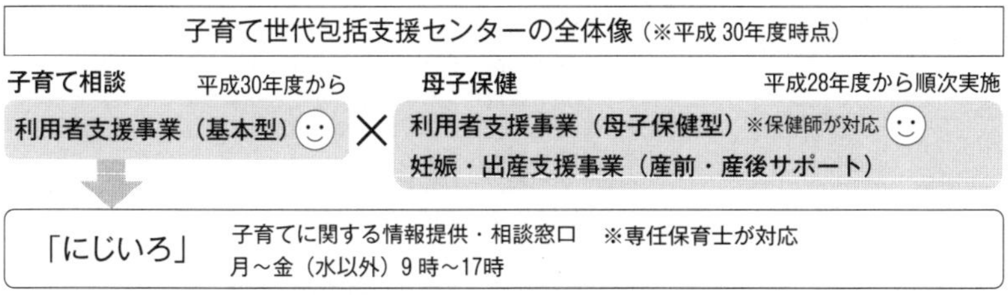

子育て世代包括支援センターの全体像（※平成30年度時点）

子育て相談　平成30年度から	母子保健　平成28年度から順次実施
利用者支援事業（基本型） ☺	利用者支援事業（母子保健型）※保健師が対応 ☺ 妊娠・出産支援事業（産前・産後サポート）

↓

「にじいろ」　子育てに関する情報提供・相談窓口　※専任保育士が対応
　　　　　　　月〜金（水以外）9時〜17時

①子育て家庭が打ち明ける悩みや状況を聞きながら、その家庭の悩みに寄り添い、課題の整理を行う。
②必要に応じて、社会資源を紹介し活用を促す。個々の家庭のプロセスを尊重しながらサポートし、円滑に必要なサービスが利用できるようきめ細かく支援を行う。
③相談スタイルは、個々の家庭・保護者に合わせる（電話・面談・訪問）。
④依頼に基づき、地域の自主グループや子育てサロン等に出向き相談に応じる（出張相談）。

われる場合には、要保護児童対策地域協議会で検討し、適切な対応をとることが求められます。

③子育て世代包括支援センター

　子育て世代包括支援センターとは、妊娠期から子育て期にわたるさまざまな地域住民のニーズに対し、保健機関と福祉をつなぎ、総合的な相談支援を提供する拠点として新たに設置されました。子育て世代包括支援センターは、「子ども・子育て支援新制度」のなかの利用者支援事業として位置づけられています。

　ここでは、大阪府池田市の取り組みを例として取り上げます。池田市では、保健福祉総合センター内に子育て世代包括支援センターが設置され、子育て相談については専門保育士が対応に当たり、母子保健については保健師が産前・産後をとおしてサポートすることで、地域の子育て家庭のさまざまな悩みに対応しています（図表15−3）。相談方法は、電話や面談、訪問の形をとっていますが、出張相談として幼稚園や保育所に出向くこともあります。今後は、子育て世代包括支援センターと連携しながら地域の子育て家庭を支援していく必要があります。

④子ども家庭総合支援拠点

　子ども家庭総合支援拠点は、地域の子どもの福祉に関して必要な体制を整備するための拠点です。地域に住むすべての子どもとその家庭、妊産婦を対象に、妊娠、出産、子育てに対する相談全般から、通所・在宅支援などのより専門的な相談対応までを行う機能を有しています。

　ここでは、池田市の取り組みを例として取り上げます。池田市では、2018（平成30）年4月から子ども家庭総合支援事業が実施され、保健師と精神保健福祉士が増員されました。実施後の状況は、図表15−4のとおりです。

第4章　乳児保育の実際

図表15-4　家庭総合支援事業実施後の状況

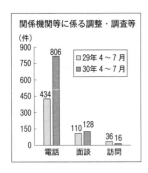
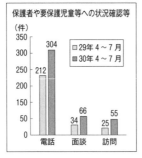

①専門職員の増員による見守り・支援の強化

専門職員を増員したことで、事案発生時や経過観察において、多角的な視点で虐待リスクの見立てができるようになった。そして、初動対応が迅速化し、より密な関係機関との連携や、要保護児童等の家庭の現状把握が可能となった。

結果、右図のとおり昨年同時期と比べ活動件数が増加。児童の安全を確保するため、より一層の見守り・支援に取り組んでいる。

②子ども家庭センターから事案送致の受入開始

児童福祉法改正（平成29年4月施行）により、児童相談所が通告を受理・対応していた案件について、市町村に対応を委ねることができるよう法律に明記された。

池田子ども家庭センター管内では平成30年度から実施。面前DV通告で子どもへの被害が深刻でない事例や、施設での保護解除後に子どもの見守りが必要と判断される事例等が、市に事案送致される。

平成30年7月末現在での事案送致は2件。今後とも同センターと密に連携しながら取り組みを進めていく。

3　保育所等のなかの他職種との連携

保育所等の保育士や保育教諭以外の職種との連携も大切です。特に乳児においては、食事や保健において個別の対応が多くなりますので、専門職と密接に連携をとることが求められます。

①栄養士・調理員

乳児期は、ミルクから離乳食、幼児食へと食の形態が移り変わる時期です。保育者は栄養士・調理員と連携しながら子どもの食事を進めていきます。また、アレルギーのある子どもについては、栄養士の管理のもと、個別対応として代替食や除去食を提供する園も多くあります。

②看護師

身体が未発達な乳児は、感染症にかかりやすく、さらに転倒によるけがの危険も多くあります。看護師と連携し、専門的な視点から子どもの健康管理に努めることが大切です。また、保健計画の作成の際にも看護師との連携が必要となります。

3．子育て支援における「連携」とは

以上のように、保育所等はさまざまな関係機関と連携しながら子育て支援を行っていく必要がありますが、乳児保育そのものが、保護者にとって「人を育てるとはどういうことか」というモデルとなることを理解しておくのも大切です。

養護と教育が一体となった営みをとおして人が育つということが、保育であり子育てであるということを、保育者が日々の保育をとおして保

護者に伝えていくということがまず大切になります。「保育所保育指針」第4章の「子育て支援」においても、子育て支援における保育所の役割として、「子どもの育ちを家庭と連携して支援していくとともに、保護者及び地域が有する子育てを自ら実践する力の向上に資する」こと、「保護者が子どもの成長に気付き子育ての喜びを感じられるように努めること」が記されています[†4]。

つまり、子どもの生活や遊びを通じて何が育っているのかを保護者に伝えるとともに、この時期の育ちを保障するために、生活や遊びから子どもの何を育ちとして読み取っているのかを対話によって保護者に伝え、協働しながら家庭の子育てを支援することが、保育者の役割の一つなのです。

近年は、子育てに関する情報が量・質ともに膨大になり、インターネットを通じて手軽にいくらでも情報を入手することができます。このような時代においては、情報から何を取捨選択するのかという思考力や判断力が求められますが、氾濫する子育ての情報に対し、何をどう選択してよいのかわからず、保護者の不安や葛藤は増しています。また、多くの育児書を読み、母親教室にも通って勉強したにもかかわらず、結果が出ないことにいらだつ保護者もいます。

どれほど子育てに関する情報を多く集め、指南書を読破しても、保護者は、実際の子育てに向き合ったとき、どう育てればよいのか、「育てる」とは何かという壁にぶつかることになります。そのようなときには、保護者が一人でがんばるのではなく、子どもが社会に適応していくためのさまざまな環境が必要となります。保育者はそのなかで、人的環境として大きな役割を果たします。必要に応じて、それぞれの専門性をもった関係機関と連携しながら、現代の子育て家庭を支援していく役割が、今後、保育者にはますます求められます。

▶出典
†4 「保育所保育指針」第4章1「保育所における子育て支援に関する基本的事項」

演 習 課 題

①どのような場合に関係機関と連携する必要があるか、具体的なケースを考えてみましょう。
②あなたの住む地域にある児童相談所、子育て世代包括支援センター、子ども家庭総合支援拠点の場所を調べてみましょう。
③保育所や認定こども園には保育士、保育教諭以外にどのような職種の人がいるのかを調べてみましょう。

参考文献

レッスン12
日本保育協会監修、岸井慶子 『保育の視点がわかる！ 観察にもとづく記録の書き方』 中央法規出版 2017年
文部科学省 『指導と評価に生かす記録――平成25年7月（幼稚園教育指導資料）』 チャイルド本社 2013年

レッスン13
秋田喜代美監修、松山益代 『参加型園内研修のすすめ――学び合いの「場づくり」』 ぎょうせい 2011年
厚生労働省 『保育所保育指針解説書』 フレーベル館 2008年
厚生労働省 『保育所保育指針解説』 フレーベル館 2018年
汐見稔幸・小西行郎・榊原洋一編著 『乳児保育の基本』 フレーベル館 2007年
増田まゆみ編著 『乳児保育（新版）』 北大路書房 2014年
無藤隆・汐見稔幸・砂上史子 『ここがポイント！ 3法令ガイドブック――新しい「幼稚園教育要領」「保育所保育指針」「幼保連携型認定こども園教育・保育要領」の理解のために』 フレーベル館 2017年
森上史朗・柏女霊峰編 『保育用語辞典（第8版）』 ミネルヴァ書房 2015年

レッスン14
大澤洋美 『あなたならどう言う？ 保護者の質問こたえ方ブック――ケーススタディで学ぶ信頼関係の築き方』 学研教育みらい 2015年
椛沢幸苗監修 『保護者にきちんと伝わる 連絡帳の書き方＆文例ハンドブック』 ナツメ社 2012年
師岡章 『保育者と保護者の"いい"関係――保護者支援と連携・協力のポイント』 新読書社 2010年

レッスン15
柏女霊峰 『これからの子ども・子育て支援を考える――共生社会の創出をめざして』 ミネルヴァ書房 2017年
内閣府 「子ども・子育て支援新制度 なるほどBOOK（平成28年4月改訂版）」 2016年

おすすめの1冊

那須信樹・矢藤誠慈郎・野中千都ほか 『手がるに園内研修メイキング――みんなでつくる保育の力』 わかば社 2016年

手軽に園内研修を始めることができるように、多数の実践例とその進め方（手順）をまとめた1冊である。園内研修は、全職員で自園の「よさ」や「課題」を共有しながら、さらなる改善にむけた次の一歩を組織的に歩み始めるきっかけを得る大切な取り組みである。グループワークやグループディスカッションによる学びの過程にも活用できる。

さくいん

●かな

あ
- 愛着・・・・・・・・・・・・・・・・・26, 69
- 愛着関係・・・・・・・・・・・・・88, 171
- 朝の受け入れ・・・・・・・・・・・・184
- アレルギー・・・・・・・・・・・・・・195

い
- イクメン・・・・・・・・・・・・・・・・・54
- 移行・・・・・・・・・・・・・・・・・・・154
- 一時預かり事業・・・・・・・・・・・62
- 衣服の着脱・・・・・・・・・・・・・・51
- イヤイヤ期・・・・・・・・・・・・・・・47

え
- 栄養士・・・・・・・・・・・・・168, 198
- 絵本・・・・・・・・・・・・・・・・・・・122
- 園外研修・・・・・・・・・・・・・・・174
- 園内研究・・・・・・・・・・・・・・・172
- 園内研修・・・・・・・・・・・・・・・172

お
- 応答的な関わり・・・・・・・15, 171
- 大豆生田啓友・・・・・・・・・・・・63
- オノマトペ・・・・・・・・・・・・・・122
- 音声模倣・・・・・・・・・・・・・・・・34

か
- 核家族・・・・・・・・・・・・・・・・・・・3
- 貸しおむつ・・・・・・・・・・・・・・133
- 家庭との連携・・・・・・・・・・・・・12
- 紙おむつ・・・・・・・・・・・・・・・133
- かみつき・・・・・・・・・・・・・・・・43
- がらがらうがい・・・・・・・・・・・139
- 環境・・・・・・・・・・・・・・・13, 146
- 看護師・・・・・・・・・・・・・・・・・198
- カンファレンス・・・・・・・・・・・172

き
- 基本的信頼感・・・・・・・・・・・・10
- キャリアパス・・・・・・・・・・・・・174
- 教育・・・・・・・・・・・・・・・・・・・124
- 協応動作・・・・・・・・・・・・・・・・29
- 行事・・・・・・・・・・・・・・・・・・・156
- 共同注意・・・・・・・・・・・・・・・・36

く
- 首のすわり・・・・・・・・・・・・・・・27
- クラス運営・・・・・・・・・・・・・・・17

け
- ケア・・・・・・・・・・・・・・・・・・・・・9
- 月間指導計画案（月案）・・・・・160
- 健康・・・・・・・・・・・・・・・・・・・144
- 健康観察・・・・・・・・・・・・・・・136
- 原始反射・・・・・・・・・・・・・・・・26

こ
- 降園・・・・・・・・・・・・・・・・・・・184
- 交代制勤務・・・・・・・・・・・・・168
- 子育て環境・・・・・・・・・・・・・・・3
- 子育て支援・・・・・・・・・・58, 181
- 子育て世代包括支援センター
  ・・・・・・・・・・・・・・・・・・・・・197
- 言葉・・・・・・・・・・・・・・・・・・・146
- 言葉かけ・・・・・・・・・・・・・・・・14
- 子ども家庭総合支援拠点・・・197
- 子ども・子育て支援新制度・・4, 61
- 子どもの発達・・・・・・・・・・・・・14

し
- 自我の充実・・・・・・・・・・・・・・47
- 自我の芽生え・・・・・・・・・・・・42
- 市町村保健センター・・・・・・・194
- 児童虐待・・・・・・・・・・・・・3, 195
- 指導計画・・・・・・・・・・・・・・・160
  - 短期の——・・・・・・・・・・・160
  - 長期の——・・・・・・・・・・・160
- 児童相談所・・・・・・・・・・・・・196
- 児童福祉施設・・・・・・・・・・・・・5
- 児童福祉法・・・・・・・・・・・・・・・2
- 社会的つながり（ネットワーク）・・63
- 社会的微笑・・・・・・・・・・・・・・28
- 週指導計画案・・・・・・・・・・・160
- 出産後の回復期・・・・・・・・・・57
- 象徴機能・・・・・・・・・・・・・・・・41
- 情緒の安定・・・・・・・・・124, 128
- 職位・・・・・・・・・・・・・・・・・・・173
- 食育・・・・・・・・・・・・・・・・・・・130
- 嘱託医・・・・・・・・・・・・・・・・・194
- 初語・・・・・・・・・・・・・・・・・・・・37

す
- 自立欲求・・・・・・・・・・・・・・・・42
- 信頼・・・・・・・・・・・・・・・・・・・182

す
- 睡眠・・・・・・・・・・・・・・・・・・・135
- 健やかに伸び伸びと育つ・・・・140
- ずりばい・・・・・・・・・・・・・・・・・32

せ
- 清潔・・・・・・・・・・・・・・・・・・・138
- 成長曲線（乳幼児発育曲線）
  ・・・・・・・・・・・・・・・・・・・・・137
- 静の遊び・・・・・・・・・・・・・・・117
- 生命の保持・・・・・・・・・124, 126
- 生理的微笑・・・・・・・・・・・・・・28
- 生理的欲求・・・・・・・・・・・・・・21
- 全体的な計画・・・・・・・・・・・160

そ
- 相互依存的・相補的関係・・・・・10

た
- 待機児童・・・・・・・・・・・・・・・・55
- 高ばい・・・・・・・・・・・・・・・・・・32
- 多語文・・・・・・・・・・・・・・・・・・49
- 縦割り・・・・・・・・・・・・・・・・・・87
- 探索行動・・・・・・・・・・・・・・・・42
- 担当制保育・・・・・・・17, 87, 170

ち
- 地域子育て支援拠点事業・・・・62
- 地域子ども・子育て支援事業・・61
- 地域の保護者等に対する子育て支
  援・・・・・・・・・・・・・・・・・・・・58
- 長時間保育・・・・・・・・・・・・・171
- 調理員・・・・・・・・・・・・・・・・・198

つ
- 追視・・・・・・・・・・・・・・・・・・・・27
- つかまり立ち・・・・・・・・・・・・・34
- つたい歩き・・・・・・・・・・・・・・・34

て
- 手づくり玩具・・・・・・・・・・・・120
- 手指の操作・・・・・・・・・・・・・・45

さくいん

と
- 動の遊び･･････････ 117
- ドキュメンテーション ･･･ 59, 186

な
- 内容･･････････････ 5
- 喃語･･････････ 27, 34, 111

に
- 二語文････････････ 48
- 日指導計画案･･･････ 160
- 乳児期の発達の特徴･････ 9
- 乳児保育の3つの視点･･･ 8
- 乳幼児突然死症候群（SIDS）
  ･･････････････ 135
- 人間関係･･･････････ 145

ぬ
- 布おむつ････････････ 133

ね
- 寝返り･････････ 27, 29
- ねらい ････････････ 5
- 年間指導計画案･･････ 160

は
- パートナーシップ･････ 186
- 排泄･･･････････ 132
  - ――のコントロール･･･ 51
  - ――の自立･･････ 133
- 育みたい資質・能力････ 7
- 8か月不安････････ 33
- 歯磨き･･･････････ 139
- パラシュート反応････ 34
- ハンドリガード･･････ 28

ひ
- 人見知り･･････････ 31
- 一人遊び･･････････ 44
- ひとり親家庭････････ 3
- 非認知能力･････････ 10
- 描画の特徴････････ 41
- 表現････････････ 147

ふ
- 複数担任･･･････ 18, 87
- ぶくぶくうがい･･････ 139

へ
- 平行遊び･･････････ 14

ほ
- 保育参加･･････････ 58
- 保育参観･････････ 190
- 保育者･････････････ 6
- 保育所の役割･･･････ 12
- 保育に欠ける ･･････ 2
- 保育の目標･･･････････ 6
- 保育を必要とする･･････ 4
- ポートフォリオ ･････ 59, 186
- 保活････････････ 55
- 保護者会（懇談会）････ 189
- ホッピング反応･･････ 34

ま
- ママ友････････････ 65

み
- 身近な人と気持ちが通じ合う･･ 141
- 身近なものと関わり感性が育つ
  ････････････ 142
- 3つの視点と5領域の関係･･ 148

も
- ものの永続性の理解･････ 33

よ
- 幼児期の終わりまでに育ってほしい姿････････････ 7
- 要保護児童対策地域協議会
  ･･････････ 196
- 四つばい･･････････ 32

り
- リーチング ････････ 28
- 理解言語･･････････ 43
- 離乳後期････････ 30
- 離乳初期････････ 30
- 離乳中期････････ 30
- 利用者支援事業･･････ 61

れ
- 連絡帳･･･････ 137, 187

●欧文

K
- KJ法･･･････････ 176

O
- OJT･･･････････ 172

監修者

名須川知子（なすかわ ともこ）　兵庫教育大学 理事・副学長

大方美香（おおがた みか）　大阪総合保育大学 学長

執筆者紹介（執筆順、＊は編著者）

馬場 耕一郎＊（ばば こういちろう）
担当：はじめに
元厚生労働省子ども家庭局保育課 保育指導専門官
社会福祉法人友愛福祉会 理事長
主著：『保育がグングンおもしろくなる　記録・要録書き方ガイド』（共著）　中央法規出版　2018年
『幼稚園教育要領・保育所保育指針・幼保連携型認定こども園教育・保育要領の成立と変遷』（編著）　萌文書林　2017年

大方 美香（おおがた みか）
担当：レッスン1、レッスン15
大阪総合保育大学 学長
主著：『失敗から学ぶ　保護者とのコミュニケーション』　中央法規出版　2015年
『独自性を活かした　保育課程に基づく指導計画──その実践・評価』（編著）　ミネルヴァ書房　2010年

佐々本 清恵（ささもと きよえ）
担当：レッスン2
八尾市立末広保育所 所長
主著：「乳児保育における保育者との関係性（Ⅲ）──保育記録を基にした乳児の［泣く行為］の月別内容分析」『大阪総合保育大学紀要』（12）（共著）2018年

鈴木 みゆき（すずき みゆき）
担当：レッスン3、レッスン4
独立行政法人国立青少年教育振興機構 理事長
主著：『専門職としての保育者──保育者の力量形成に視点をあてて』（編著）　光生館　2016年
『早起き・早寝・朝ごはん──生活リズム見直しのススメ』　芽ばえ社　2005年

實川 慎子（じつかわ のりこ）
担当：レッスン5、レッスン6
植草学園大学 准教授
主著：『保育現場の人間関係対処法』（共著）　中央法規出版　2017年

伊瀬 玲奈（いせ れいな）
担当：レッスン7、レッスン11、レッスン12
和洋女子大学 准教授
主著：『0.1.2歳児保育「あたりまえ」を見直したら保育はもっとよくなる！』（編著）　学研プラス　2018年
『幼稚園・保育所・施設実習完全ガイド』（共著）　ミネルヴァ書房　2012年

兼重 祐子（かねしげ さちこ）
担当：レッスン8、レッスン9
東京教育専門学校 専任講師
主著：『幼稚園・小学校教育実習──学びの連続性を通して』（共著）　大学図書出版　2018年
『保育原理の基礎と演習』（共著）　わかば社　2016年

岩﨑 淳子（いわさき じゅんこ）
担当：レッスン10
大東文化大学 講師
主著：『教育・保育課程論──書いて学べる指導計画』（共著）　萌文書林　2015年
『千春と大吾の保育実習ストーリー』（共著）　萌文書林　2015年

本田 由衣（ほんだ よしえ）
担当：レッスン13、レッスン14
武蔵野短期大学 教授
主著：『3つのカベをのりこえる！保育実習リアルガイド──不安　日誌　指導案』（共著）　学研教育みらい　2017年
『乳児保育を学ぶ』（共著）　大学図書出版　2015年

編集協力：株式会社桂樹社グループ
装画：後藤美月
本文イラスト：宮下やすこ
本文デザイン：中田聡美

MINERVA はじめて学ぶ保育⑦
乳児保育

2019年4月30日　初版第1刷発行　　　　　　　　〈検印省略〉

定価はカバーに
表示しています

監修者	名須川　知子
	大　方　美　香
編著者	馬　場　耕一郎
発行者	杉　田　啓　三
印刷者	坂　本　喜　杏

発行所　株式会社　ミネルヴァ書房
607-8494　京都市山科区日ノ岡堤谷町1
電話代表　(075) 581-5191
振替口座　01020-0-8076

©馬場ほか, 2019　　　冨山房インターナショナル

ISBN978-4-623-07968-1
Printed in Japan

名須川知子／大方美香 監修
MINERVAはじめて学ぶ保育
全12巻／B5判／美装カバー

① **保育原理** 　　　　　　　　　　　戸江茂博 編著

② **教育原理** 　　　　　　　　　　　三宅茂夫 編著

③ **保育者論** 　　　　　　　　　　　山下文一 編著　本体2200円

④ **保育の計画と評価** 　　　　　　　卜田真一郎 編著

⑤ **保育内容総論**──乳幼児の生活文化　鈴木裕子 編著　本体2200円

⑥ **保育内容の指導法** 　　　　　　　谷村宏子 編著　本体2200円

⑦ **乳児保育** 　　　　　　　　　　　馬場耕一郎 編著　本体2200円

⑧ **乳幼児心理学** 　　　　　　　　　石野秀明 編著

⑨ **インクルーシブ保育論** 　　　　　伊丹昌一 編著　本体2200円

⑩ **保育所・幼稚園・幼保連携型認定こども園実習**
　　　　　　　　　　　　　　　　　　亀山秀郎 編著　本体2200円

⑪ **施設実習** 　　　　　　　　　　　立花直樹 編著

⑫ **子育て支援** 　　　　　　　　　　伊藤 篤 編著　本体2200円

──────── ミネルヴァ書房 ────────（定価のないものは続刊）
http://www.minervashobo.co.jp/